GEMEINSAM DEN SCHULHOF GESTALTEN

Lernort, Natur- und Spielraum im Ganztag

Qualität in Ganztag, Hort und Schulkindbetreuung

GEMEINSAM DEN SCHULHOF GESTALTEN

Thomas Stadelmann

Gemeinsam den Schulhof gestalten

Lernort, Natur- und Spielraum im Ganztag

HERDER

FREIBURG · BASEL · WIEN

MIX
Papier | Fördert gute Waldnutzung
FSC® C010798

www.herder.de

Coverfoto: © Thomas Stadelmann, Freiburg
Fotos im Innenteil: © Thomas Stadelmann, Freiburg; © Julia Killeit: S. 55, S. 75 (o. l., o. r.), S. 76 (o. l, o. r.), S. 77 (u.), S. 83 (o.), S. 87 (o. l., o. r., u. l.); GettyImages: S. 57 (o. r.) © Fat Camera, S. 72 © Silvia Jansen, S. 77 (o. l.) © dimid, S. 77 (o. r.) © altanakin, S. 87 (u. r.) © xxmmxx; S. 90 © Kita Hiddestorf

Gesamtgestaltung und Satz: Sabine Ufer, Annett Jana Berndt

Herstellung: Graspo CZ, Zlín
Printed in the Czech Republic

ISBN (Print): 978-3-451-39083-8
ISBN E-Book (PDF): 978-3-451-82625-2
ISBN E-Book (EPUB): 978-3-451-82623-8

Inhalt

Einleitung: Es gibt viel zu tun, packen wir's an!

„Unsere Schulen sind die Orte, an denen die Zukunft unseres Landes heranwächst. (...) Gute Schulhöfe fördern die Kreativität unserer Kinder und sind die beste Zukunftsinvestition, die wir leisten können."

Barbara Hendricks, Bundesumweltministerin, 2013–2018

Die Aufgaben schulischer Ausbildung werden sich in den kommenden Jahren weiter verändern. In den letzten Jahrzehnten haben sich die Vorstellungen über effektive Lernaktivitäten, die Einrichtung von Klassenzimmern und die Anforderungen an eine kindorientierte Schulhausarchitektur gewandelt, also auch die Anforderungen an die Schulhofgestaltung. Der asphaltierte Pausenhof mit wenigen Sportgeräten war gestern. „Schule" wird nicht mehr als abgeschlossener Lern-Raum betrachtet, sondern als Ort des Lernens und gleichermaßen als Ort des Lebens – als Lebensraum. Was bedeutet das für die Schulhofgestaltung?

Wie sieht ein guter Schulhof aus? Wie kann der Pausenhof zum „Bildungsraum" werden, der als „Klassenzimmer im Freien" ebenso funktioniert wie als Raum für vielfältige Selbst(lern)erfahrungen, allein oder in der Gruppe? Wie kann sich ein Schulhof zu einem offenen Lernort entwickeln, der gleichzeitig den Kindern die Chance bietet, auch mal außerhalb der Sicht der Erwachsenen zu agieren, vielleicht einfach mal „die Seele baumeln zu lassen"?

Diese Fragen möchte ich auf den folgenden Seiten beantworten und mit vielen Fotos Inspirationen liefern: Wenn wir die Außenwelt und den Lebensalltag der Kinder als eine wichtige Quelle von Lernerfahrungen begreifen, werden wir das Schulgelände als ein wertvolles Mittel zum – fächerübergreifenden – Lernen entdecken.

Es geht im Folgenden nicht um die Darstellung eines 1:1 nachahmenswerten Vorbilds oder eine Schablone für den „schönsten Schulhof". Ich möchte Sie einladen, sich auf den *Prozess* der Schulhofgestaltung einzulassen. Einige der vorgestellten Beispiele sind mit wenig Geld und viel Fantasie leicht umsetzbar, andere sind aufwendiger. Alle aber bieten die Chance, *gemeinsam mit den Kindern* zu planen und zu gestalten. Denn das wichtigste Qualitätskriterium eines guten Schulhofs ist ganz leicht auf den Punkt gebracht: Ein guter Schulhof ermöglicht **Partizipation**. Kinder wollen mitmachen, mitbestimmen und mitgestalten – und sie haben das Recht dazu (Art. 12 Kinderrechtskonvention). Der Schulhof muss für die Kinder attraktiv sein, ihren Bedürfnissen entsprechend gestaltet werden.

Gründliche Planung, am besten in einem Team von Eltern, Schukindern, Lehr- und pädagogischen Fachkräften, evtl. gemeinsam mit Experten, ist wichtig. Dann kann der Schulhof zu einem spannenden Ort der Begegnung, des Lernens und der Entspannung werden.

Es gibt viel zu tun, packen wir's an!
Ihr Thomas Stadelmann

KAPITEL 1

Gut zu wissen

„Schulhöfe sind Orte der Begegnung, des Lernens und der Entspannung."

Aus dem Leitfaden „Schulhöfe kinderfreundlich gestalten", Stadt Freiburg, 2010

„Spielplatz ist überall" ist unser Aufruf, Spielräume für Kinder zu schaffen in Zeiten, wo diese Orte immer schwieriger zu finden sind. Insofern muss ein Schulhof auch Spielplatz sein. Zumal außerhalb der Schulzeiten in vielen Städten die Schulhöfe zum Spielen geöffnet werden. Aber was unterscheidet einen Spielplatz von einem Schulhof?

Der Schulhof ist viel mehr als nur ein Ort, der in den Pausen als Aufenthaltsraum oder zum Austoben genutzt wird, sondern bestenfalls als Lehr- und Lernort Tag für Tag Teil des Bildungsgeschehens auf einem Schulcampus.

1. Spielen heißt lernen heißt spielen ...

Spielen ist Lernen und Lernen kann Spiel sein. Im Gegensatz zum rein kognitiven Lernen fördert das Spiel den ganzen Menschen, seinen Körper, seinen Geist und deren Harmonie. Spiel bildet Kompetenzen für die individuelle Lebensbewältigung aus. Ohne jedes Zutun betätigt sich das Kind auf dem Außenspielgelände als sein eigener Lehrmeister. Es sorgt selbst dafür, dass keine körperliche, sinnliche, verstandesmäßige, soziale Fähigkeit zu kurz kommt.

Allerdings bieten Schulhöfe und Spielmaterialien, die von einer standardisierten Lebensferne und Künstlichkeit geprägt sind, diese Chancen nicht. Sie sind eher dazu angetan, ein System zu stabilisieren, das auf einem erwachsenenzentrierten Weltbild basiert. Da Kinder vom Denken und Handeln in Gesellschaft, Politik und Verwaltung vor allem zu den „Betroffenen" zählen, sind wir aufgefordert, ihre Interessen wahrzunehmen, zu achten und anzuerkennen. Dementsprechend werden Schulhöfe auch immer daran zu messen sein, inwieweit sie Achtung vor der Persönlichkeit, dem Selbstbestimmungsrecht und dem Entwicklungsbedürfnis der Kinder vermitteln.

Spielen ist aktives, autonomes Lernen für das Leben, und vor allem hier können Kinder lebenswichtige geistige Kompetenzen und körperliche Fähigkeiten erwerben und vervollkommnen. Es ist die „verspielte" Form des Weltbegreifens, die das Kind zum Akteur seiner Entwicklung macht. Es öffnet den Blick für selbstbewusste Formen einer elementaren Lernkultur, die auf Freiwilligkeit und Neugierde basiert.

Die Schlüssel dazu sind großzügige Spielräume drinnen und draußen, das heißt Schulhöfe, bei denen Erfahrungs- und Handlungsorientierung für die Kinder im Vordergrund stehen und die vielfältige Wahrnehmungs- und Bewegungsanreize schaffen.

Kugelbahnen

Tipp

Stellen Sie „Echtzeug" und Naturmaterialien als Spielmaterial zur Verfügung. Inspiration bietet: Udo Lange: Freispielimpulse für draußen, Herder 2022.

2. Qualitätsstandards (Nutzung)

Wie oben bereits erwähnt, ist die Qualität eines Schulhofs auch daran zu messen, inwieweit bei der Gestaltung die (Entwicklungs-)Bedürfnisse der Kinder berücksichtigt wurden. Folgende Lebensthemen von Kindern im Grundschulalter hat die Entwicklungspsychologin Oggi Enderlein herausgearbeitet. Sie bieten eine wichtige Orientierung für die Schulhofgestaltung:

1. Bewegung, Geschicklichkeit, Körpererfahrung
2. Eigenständige Aktivitäten, Welterkundung
3. Begegnung mit anderen Kindern, Rückzug, Erholung
4. Wissen und Können erwerben
5. Nützlich sein (Enderlein 2015: 50)

Daraus lässt sich erkennen, dass ein Schulhof, dessen Gestaltung sich an den Bedürfnissen der Kinder orientiert, multifunktional sein muss. Die Flächen sollten den vielfältigen, ganz unterschiedlichen Bedürfnissen Raum geben.

Ein Schulhof

- ... ermöglicht Partizipation – Verantwortung von Anfang an (nützlich sein)
- ... ermöglicht Bewegung
- ... ist Entdecker-, Lern- und Forscherraum zugleich
- ... verfügt über bewegliche Gegenstände
- ... bietet Raum für Ruhe und Rückzug
- ... verfügt über Flächen für freies Spiel
- ... bietet Plätze für Kommunikation
- ... hat Flächen für Unterricht im Freien
- ... zieht keine Grenzen, sondern funktioniert integrativ, er ist barrierefrei
- ... ist naturnah und nachhaltig
- ... bietet Schutz vor Regen und Kälte
- ... lässt außerschulische Nutzung zu
- ... ermöglicht informelle Sportangebote

Dieses Buch zeigt ausgehend von diesen Qualitätsstandards, was einen guten Schulhof ausmachen kann – mit vielen reich bebilderten Praxisbeispielen. Es liefert Anregungen und soll ermutigen, sich auch in kleinen Schritten auf den Weg zu machen, um den Schulhof zu verändern.

3. Planerische Grundlagen

Die Gestaltung eines Schulhofs ist keine leichte Aufgabe, denn es geht darum, ganz unterschiedliche Bedürfnisse – manchmal einander entgegengesetzte – unter einen Hut zu bringen. Das Spannungsfeld ergibt sich zwischen den Bedürfnissen und Wünschen nach freier Entfaltung in Spiel und Bewegung beziehungsweise Rückzugszonen und Kommunikationsbereichen der Schulkinder, den nötigen allgemeinen Sicherheitsanforderungen sowie der Aufsichtsverantwortung der pädagogischen Lehr-/Fachkräfte. Weitere Anforderungen ergeben sich, wenn der Schulhof auch als öffentlicher Spielort zur Verfügung stehen soll.

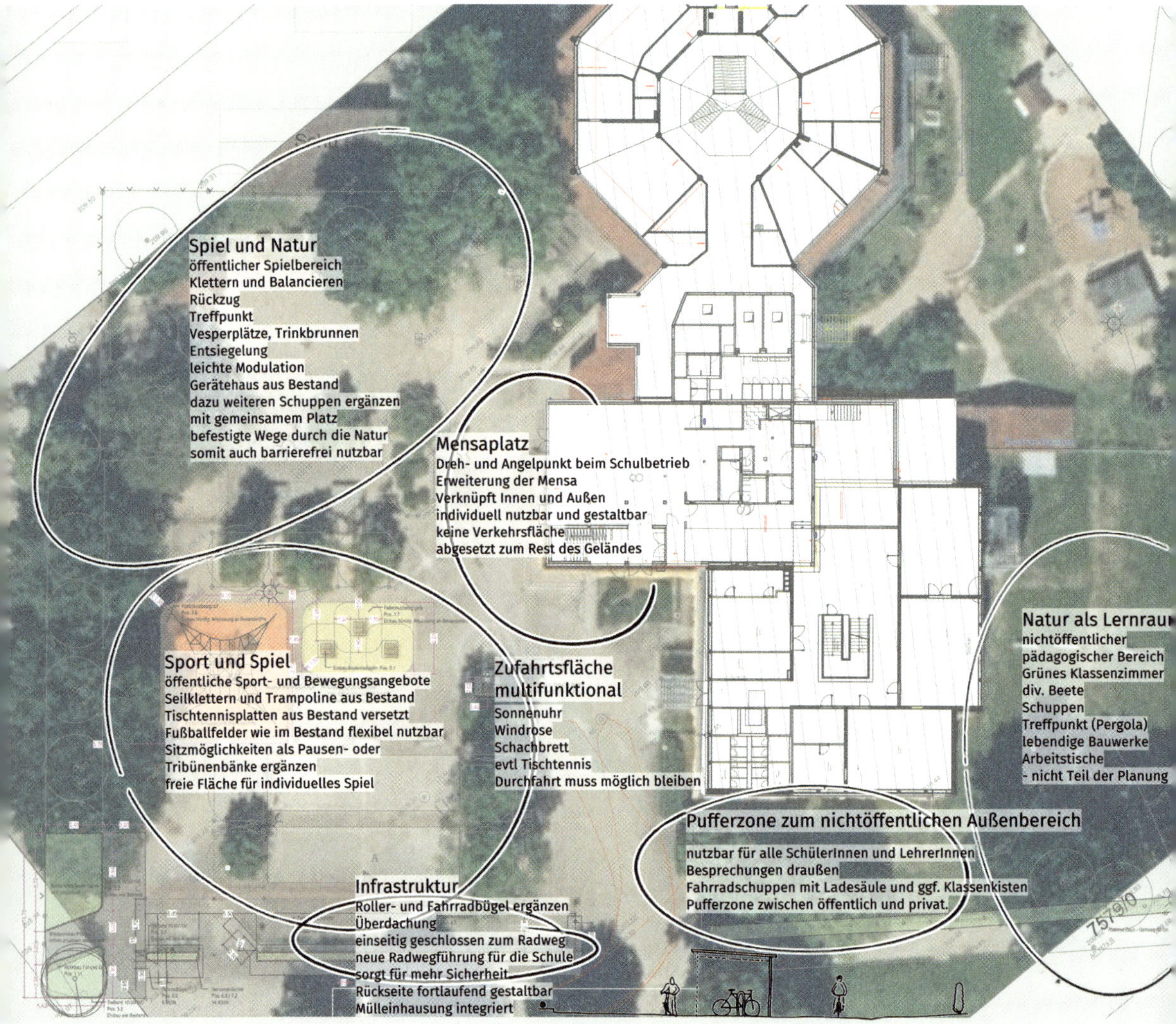

Es hat sich bewährt, einen Schulhof so zu gliedern, dass möglichst alle Bedürfnisse ihren Raum finden.

Zuallererst ist es sinnvoll, die Fläche zu gliedern und den Schulhof z. B. in folgende Bereiche zu strukturieren.

- Spiel und Natur
- Sport und Spiel
- Infrastruktur
- Natur als Lernraum
- Nicht-öffentlicher Bereich

Sport und Spiel, öffentlicher Bewegungsparcours

Zufahrtsfläche – mit Hüpfspiel

Natur als Lernraum – grünes Klassenzimmer

Spiel und Natur – befestigte Wege, barrierefrei mit Pergola

4. Bildung ohne Grenzen

„Bildung" kennt keine Grenzen. Sie wird nicht mehr nur in den Klassenräumen vermittelt, sondern ist vernetzt im gesamten räumlichen Angebot einer Schule erleb- und erfahrbar, also auch den Außenflächen.

Nicht nur als grünes Klassenzimmer ist der Schulhof nutzbar, sondern er bietet den Kindern die Chance, selbstständig oder angeleitet Wissen in den Bereichen Mathematik, Kunst, Biologie etc. zu erwerben bzw. zu vertiefen.

Die Sichtbarkeit schulischer Inhalte im Freiraum schafft Identifikation und stärkt die gemeinsame Verantwortung für das Areal.

Natürlich dürfen Bildungsinhalte auch spielerisch erkundet und wiederentdeckt werden, wenn beispielsweise Längen-, Höhen- oder Breitenmaße wie selbstverständlich an den Bänken, Wegen, Mauern etc. angebracht sind.

KAPITEL 2

Gemeinsam den Schulhof gestalten

„Partizipation heißt, Entscheidungen, die das eigene Leben und das Leben der Gemeinschaft betreffen, zu teilen und gemeinsam Lösungen für Probleme zu finden."

Richard Schröder, Leiter des ersten Kinderbüros in Deutschland, „Pro Kids" in Herten

Kinder wollen nützlich sein, sie wollen mitbestimmen, mitreden und mitgestalten. Und es ist ihr gutes Recht, festgeschrieben in der UN-Kinderrechtskonvention (Art. 12 KRK). Im Ganztag, der mehr und mehr zum Lebensraum der Kinder wird, ist es besonders wichtig, dies Recht mit Leben zu füllen. Es ist die Grundlage für die Bildungs- und Erziehungsarbeit.
Wie die Schulhofgestaltung als Chance genutzt werden kann, den Lebensraum gemeinsam zu gestalten, ist Thema dieses Kapitels. Mitbeteiligung schafft Identifikation und ein hohes Maß an Mitverantwortung. Durch das eigene Handanlegen entwickelt sich eine höhere Akzeptanz bei der Schulgemeinschaft, was eine Vandalismusprävention mit sich bringt. In Schulen ermöglichen Mitbeteiligungsaktionen Gemeinschaftserfahrungen besonderer Art und die Freude am schöpferischen Tun.

1. Zur Notwendigkeit der Partizipation bei der Schulhofgestaltung

Mit dem Ausbau der Ganztagsschulen und dem Rechtsanspruch auf ganztägige Betreuung von Grundschulkindern ab 2026 wird die „Institutionalisierung von Kindheit" (Walther u. a. 2021: 12) weiter voranschreiten. Der Ganztag wird zum ganztägigen Lebensort der Schulkinder, aber auch Lehrkräfte und pädagogische Fachkräfte verbringen immer mehr Zeit auf dem Schulgelände – in der Schule und auch draußen auf dem Schulhof. Es ist daher immens wichtig, dass sie diese Räume, in denen sie einen Großteil des Tages verbringen, mitgestalten können. Für die qualitätvolle Schulhofgestaltung bedeutet das: Es reicht nicht aus, einen perfekten Spielplatz und teure Spielgeräte zur Verfügung zu stellen und aufzubauen. Stattdessen gilt es, die Chance zu nutzen, gemeinsam mit allen Beteiligten einen Lern- und Lebensraum zu schaffen und dies als Prozess zu begreifen.

Wenn alle Beteiligten (Kinder, Lehrkräfte und pädagogisches Fachpersonal, Eltern, die Kommune etc.) einbezogen werden, ist Folgendes zu erreichen:

- Es entsteht ein lebendiger, belebter Schulhof.
- Es entsteht ein Raum, der Kinder und Erwachsene gleichermaßen anzieht.
- Alle Beteiligten erleben eine verbesserte Aufenthaltsqualität.
- Der Umgang wird achtsam sein.
- Der Schulhof wird vielseitig nutzbar als Experimentierfeld, Atelier, Klassenzimmer, Bewegungsraum usw.
- Der Schulhof bleibt wandelbar und passt sich immer wieder den neuen Generationen mit ihren Bedürfnissen und Ideen an.

Der Schulhof kann zu einem Lernort mit all seinen Facetten werden! Dies sind viele plausible Gründe, gerade hier Partizipation zu leben.

Rechtliche Grundlagen der Partizipation

„Die Vertragsstaaten sichern dem Kind, das fähig ist, sich eine eigene Meinung zu bilden, das Recht zu, diese Meinung in allen das Kind berührenden Angelegenheiten frei zu äußern, und berücksichtigen die Meinung des Kindes angemessen und entsprechend seinem Alter und seiner Reife." (Artikel 12,1 UN-Kinderrechtskonvention).

Das EU-Weißbuch ist Ausgangsbasis für die Jugendpolitik in den EU-Mitgliedsstaaten.

Das SGB VIII formuliert u. a. Rechte für Kinder und Jugendliche in Deutschland auf Bundesebene.

§ 45 (2) SGB VIII:
„Die Erlaubnis ist zu erteilen, wenn das Wohl der Kinder und Jugendlichen in der Einrichtung gewährleistet ist. Dies ist in der Regel anzunehmen, wenn [...] die Sicherung der Rechte von Kindern und Jugendlichen in der Einrichtung, ***geeignete Verfahren der Beteiligung*** *sowie der Möglichkeit der Beschwerde in persönlichen Angelegenheiten Anwendung finden."*

(Bundesgesetzblatt 2011)

Auf Landesebene (Baden-Württemberg) legt die Novellierung der Gemeindeordnung § 41a die Beteiligung von Kindern und Jugendlichen in Gemeinden im Detail fest.
(Verordnung des Kultusministeriums über Einrichtung und Aufgaben der Schülermitverantwortung)

Kinder „als geborene Experten in eigener Sache"

„… uns als Stadt (ist) ein abwechslungsreicher und attraktiver Schulhof wichtig. Und wer könnte besser wissen als die Schülerinnen und Schüler selbst, was einen attraktiven Schulhof ausmacht."

Christine Buchheit, Schul- und Jugendbürgermeisterin der Stadt Freiburg, 2021

Lebendige Räume wie Schulhöfe entstehen erst dort, wo der Gestaltungswille der Kinder einen gebührenden Platz bekommt. Demzufolge sind kindgerechte Orte nie endgültig definierbar, nie baulich fertiggestellt. Denn Kinder werden dort schöpferisch, wo es noch etwas zu entdecken gibt und genügend Raum für die Verwirklichung eigener Ideen vorhanden ist.

Kinder und Jugendliche sind dabei zuverlässige und kompetente Partner, weil

- ... sie über ein ausgeprägtes Maß an Gestaltungskraft verfügen. Sie sind ständig auf der Suche nach authentischen Erlebnis- und Erfahrungsräumen und hinterlassen „verräterische Spuren" auf dem Schulhof.
- ... sie uns tagtäglich zeigen, dass der traditionelle Spielraum erweitert werden muss.
- ... Kinder träumen können und sich ihre Ideen und Planungen nicht beschränken auf Machbarkeiten und Umsetzbarkeiten. Sie sind in dieser Hinsicht oftmals wahre Meister und könnten in ihrem ungestümen Gestaltungswillen und Ideenreichtum manchen Planenden aus der Einsamkeit am Reißbrett entführen.
- ... Kinder und Jugendliche genügend Kompetenzen besitzen, um als eigenwillige Gestaltende ihres Umfeldes anerkannt und vor allem mitbeteiligt zu werden. Viele der „wilden" Spielplätze wie das Buddelloch im Erdaushub einer Baustelle oder die informellen Kick- und Bolzplätze in Grünanlagen zeigen die besonderen Qualitäten und Notwendigkeiten für die Spielraumplanung, die viele Planerinnen und Planer in ihrer Einfachheit und Erfahrbarkeit schlichtweg vergessen oder unterschätzen.
- ... Kinder und Jugendliche wahre Meister der Planung sind, da sie eine gestalterische Sprache haben, die andere Spielende sofort verstehen und aufnehmen können.

Es ist an der Zeit, endlich anzuerkennen, dass Kinder und Jugendliche nicht nur als Nutzende, sondern grundsätzlich auch als Gestaltende ihrer Aufenthaltsorte zu begreifen sind.

> Da sich mit jeder Kinder- und Jugendgeneration auch andere Bedürfnisse an Schule und Campus stellen, muss Beteiligung und aktive Gestaltung immer wieder möglich sein, der Gestaltungsprozess ist nie abgeschlossen.

Die Rolle aller Begleitenden

*„Neue Schullandschaften für die Zukunft zu entwickeln, stellt eine Herausforderung dar. Wir müssen unsere alten Vorstellungen darüber, wozu die Umgebung einer Schule gut sein sollte, überdenken. Dies beinhaltet aber auch, dass die beteiligten Planer*innen mehr vom Lernen und Unterrichten verstehen."*

Eileen Adams

Begleitende sind alle, die am Prozess der Veränderung teilnehmen: Lehr- und pädagogische Fachkräfte, Architekten, Planer etc. Sie alle übernehmen jeweils eine wichtige Rolle im Gestaltungsprozess.

Im Folgenden stehen die pädagogischen Fachkräfte im Fokus. Sie begleiten den gesamten Prozess und sollten folgende Kompetenzen mitbringen bzw. diese Aufgaben übernehmen:

- Sie sollten ein ausgeprägtes Einfühlungsvermögen haben,
- Persönlichkeiten wahrnehmen,
- alle Beteiligten einbeziehen, dazu geeignete Beteiligungsverfahren anwenden,
- den Entwicklungsstand der Kinder kennen und berücksichtigen,
- die Bedürfnisse und Fantasie der Kinder ernst nehmen und einbeziehen,
- regelmäßig reflektieren,
- motivieren,

- den Prozess des gesamten Projektes transparent begleiten,
- Kindern genügend Raum und Zeit lassen, damit sie ihre Kompetenzen voll ausspielen können,
- persönliche Fähigkeiten der Einzelnen erkennen, nutzen und einbinden,
- Experten hinzuziehen,
- ein vertrauensvolles Verhältnis mit Projektbegleitenden/Experten pflegen.

Um Schulkindern aktive Mitsprache und Teilhabe zu ermöglichen, müssen die Planenden ihnen als Subjekte begegnen, sie als gleichwertige Gegenüber ernst nehmen und mit ihnen in ergebnisoffene Dialoge treten. Dies bedeutet für die Erwachsenen, immer wieder die eigene Haltung und Meinung zu reflektieren und manchmal neu zu denken. Dazu gehört, das Bild vom Kind als Teil des demokratischen Prozesses zu verinnerlichen, eine dialogische Haltung einzunehmen und v. a. einzuhalten.

Die Rolle der Architekten, Städtebauer und Spielraumplaner
Die Experten müssen eine Sprache entwickeln, die bei aller Funktionalität an erster Stelle daran gemessen wird, inwieweit sie Achtung vor der Persönlichkeit, dem Selbstbestimmungsrecht und dem Entwicklungsbedürfnis der Nachwachsenden vermittelt.

2. Drei Stufen der Partizipation

Partizipation stärkt Kinder! Sie fördert Selbstwirksamkeit und schafft ein Bewusstsein für sich und die eigenen Bedürfnisse. Partizipation sollte ganz selbstverständlich in den Alltag einfließen.

Die Kinder zeichnen hier ihren eigenen Schulhof

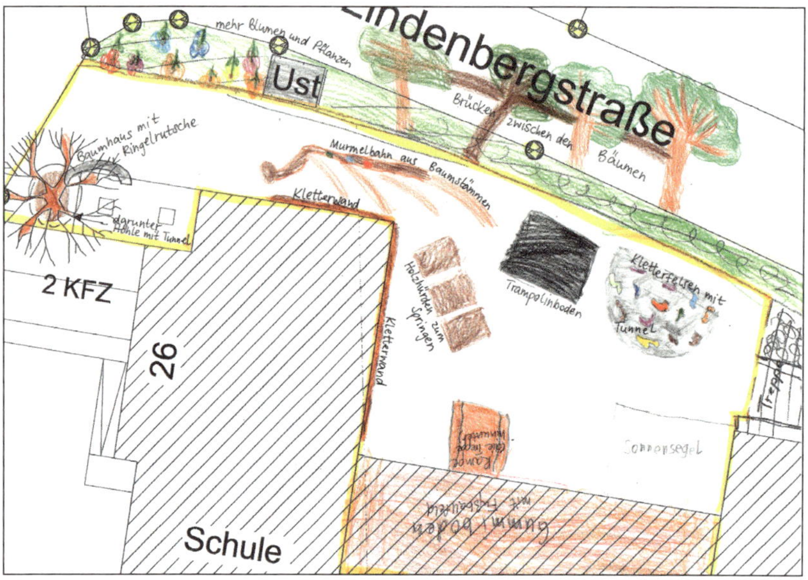

Schulhofideen

Mitsprache

- Meinungsabfrage
- Ideen und Gedanken der Kinder ernst nehmen und einbeziehen
- Miteinbezug bei Planung und Entwurf

Mitbestimmung

- Rückschluss auf gesamtgesellschaftliche Teilhabe
- „meine Stimme zählt"

Mitbeteiligung

- konkrete Beteiligung bei der Umsetzung
- die Nachbereitung
- Verantwortung übernehmen

Voraussetzungen direkter Beteiligung sind:

- Bedeutsamkeit für die Zielgruppe
- Berücksichtigung des Entwicklungsstandes
- Überschaubarkeit des Gegenstandes der Beteiligung
- Konkrete Orte der Beteiligung
- Hohe Transparenz des Verfahrens
- Kindgerechte zeitliche Organisation
- Unterschiedliche Ausdrucksweisen anerkennen
- Beteiligung als Lernprozess
- Erfahrung der Wirksamkeit erhöht die intrinsische Motivation

3. Formen der Partizipation

Alle Beteiligten ernst nehmen, zuhören, Raum für kreative Ideen schaffen und immer wieder reflektieren: Partizipation ist ein nie endender Prozess, der Zeit, Mut und eine gute Kommunikation benötigt.

Beteiligungsverfahren

Grundlegend für alle Beteiligungsverfahren ist es, die Schüler und Schülerinnen ernst zu nehmen.

Beteiligungsverfahren sind immer langfristige Prozesse, die vielfältiger Methoden und Herangehensweisen bedürfen. Grundlegend ist ein hohes Maß an Verbindlichkeit und politischem Willen. Bei aller Ernsthaftigkeit sollten Beteiligungsverfahren spielerisch inszeniert werden, um so kreativen Raum für innovative Denk- und Lösungsansätze zu schaffen.

Beteiligungswerkstatt

Beteiligungsverfahren münden im günstigsten Fall in Beteiligungswerkstätten, die durch ihre Methodenvielfalt alle Sinne ansprechen und so Raum für eigenständige Denkprozesse schaffen. Kinder und Jugendliche haben ganz eigene Formen der Aneignung von Wirklichkeit und des Austausches über ihre Wahrnehmung.

Viele Beteiligungswerkstätten entfalten sich zu lebendigen Lernorten, an denen Kinder und Jugendliche erfahren, was es heißt, ihren unmittelbaren Lebensraum mitzugestalten. Gleichzeitig verstehen sich Beteiligungswerkstätten als Lernorte für Erwachsene – Vertreterinnen und Vertreter aus Politik und Verwaltung, für Planende, Architektinnen und Architekten sowie Kunstschaffende –, für alle, die den oft formulierten Anspruch, Kinder mehr an der Gestaltung ihrer Umwelt zu beteiligen, ernst nehmen.

Langfristig entwickeln sich entsprechende Beteiligungsverfahren zu Katalysatoren für soziale Prozesse in der Schule und fördern die Identifikation mit dem eigenen Lernumfeld. Dies wiederum schafft eine tragfähige Basis für die Herausbildung einer stabilen Identität und das Bewusstsein um die Wurzeln derselben. Von den Kindern und Jugendlichen, aber auch von den Erwachsenen, wird ihr Umfeld als ein vielschichtiges System wahrgenommen, das sie solidarisch und gemeinschaftlich, durch eigenes Zutun verbessern und lebenswert machen können.

Beteiligungsverfahren enden nicht mit einem Modell oder einem Abschlussfest. Sie beinhalten auch immer die Perspektive der Beteiligung während der baulichen Umsetzungsphase und der Rückkoppelung, welche Gestalt die Ideen erhalten. Denkbar ist auch das Erstellen einer Ausstellung oder einer Dokumentation in der Schule, die Produktion eines Videos oder ggf. sogar die Mitarbeit an einem Forschungsprojekt, das die Erfahrungen und den Projektverlauf aufarbeitet und auswertet.

4. Schritt für Schritt: Mitbeteiligungsmodelle in Planung und Umsetzung

Mitbeteiligungsaktionen sollten altersgerecht angeleitet und ggfs. im Vorfeld mit den Teilnehmenden planerisch vorbereitet werden.

Alle im Folgenden vorgestellten Aktionen sind in Form von Projekttagen oder -wochen durchführbar. Viele der (Vor)-Arbeiten sind auch indoor durchführbar, unabhängig von den Witterungsverhältnissen.

Schritt 1: Grundlegende Überlegungen und Vorgehensweise

Vorüberlegung und Vorbereitung der Fachkräfte

- Welche Personen (Kinder und Erwachsene) werden beteiligt?
- Welchen Zeitrahmen haben wir?
- Welches Budget gibt es?
- Welche Experten stehen zur Verfügung?
- Soll die Öffentlichkeit informiert werden?
- Dokumentation sichern

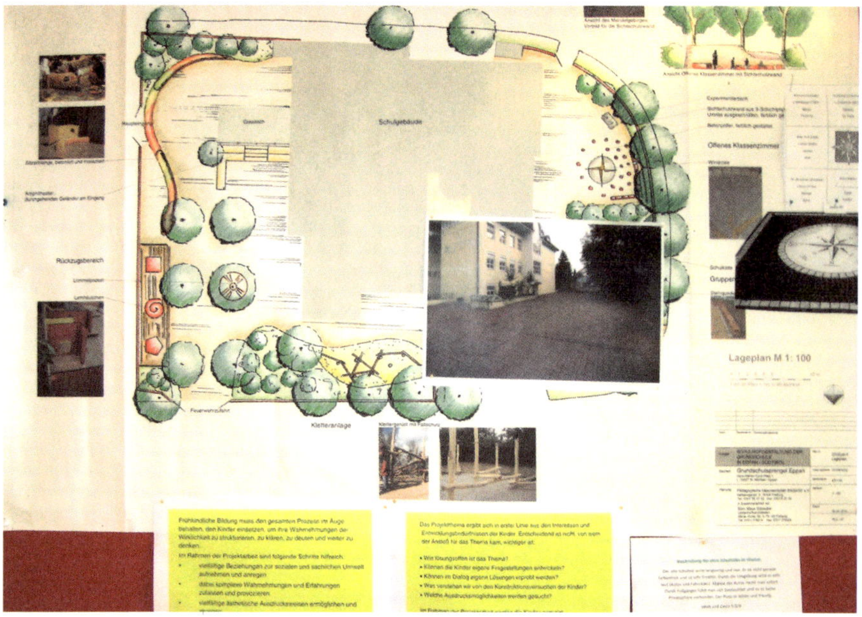

Skizzen und Pläne von Profis dürfen von den Kindern bewertet, ergänzt und kommentiert werden

Vorüberlegung gemeinsam mit den Kindern
Die Schüler und Schülerinnen werden von Anfang an in den Planungsprozess miteinbezogen, indem sie Pläne mitgestalten, Entwürfe zeichnen und ihre Anliegen formulieren können. Sie bringen ihre Ideen, Vorschläge und eigene Meinungen zu Papier. Beispielsweise werden ihre Wünsche in Schriftform abgefragt: „Wie soll euer Traum-Schulhof aussehen?“

Kinder zeichnen ihre Idee

Ein Modell wird mit Ton angefertigt

Schritt 2: Konkretisierung

Aufgaben der Fachkraft

- Wie viele Personen können bei welcher Arbeit mitmachen?
- Listen erstellen, die auch ausgehängt werden können (was muss gesammelt, mitgebracht oder angezogen werden etc.).
- Die benötigten Werkzeuge für die jeweiligen Aktionen bereitstellen, zuvor wenn nötig beim örtlichen Bauhof oder den Eltern anfragen.

Schritt 3: Verteilung der Aufgaben

Aufgaben der Fachkraft

- Vorstellung der Projektbegleitenden
- Listen allen Beteiligten zur Verfügung stellen

Mit den Kindern gemeinsam

- Kinder dürfen Aufgabe wählen
- Aufgaben zuteilen (ggf. Ämter vergeben) sorgt für einen weniger konfliktbelasteten Ablauf

Schritt 4: Durchführung

- Information über das Tagesziel geben und die anstehenden Arbeiten vorstellen
- Bezüge zur Planung etc. herstellen
- Werkzeuge und Materialien vorstellen und den richtigen Umgang damit erläutern
- Sicherheitstechnische Hinweise geben
- Pausenzeiten vorab festlegen
- Schlussrunde mit Reflexion, Austausch, Weiterblick und Dank für die Helfer und Helferinnen
- Reflexion mit Kindern und anderen Beteiligten

Erwachsene haben eine Vorbildfunktion, was ein bewusstes und reflektiertes Verhalten (Rauchgewohnheiten, Umgangsformen, Sprache, verantwortungsbewusster Umgang mit Ressourcen, Kleidung etc.) voraussetzt.

Reflexion/Nachbereitung:

- Reflexion mit den Schulkindern und anderen Beteiligten
- Die Kinder werden über den Stand der Umsetzung informiert (Flugblatt o. Ä.)

Praxisbeispiel: Wegbegleiter bauen

Wegbegleiter machen das Außengelände bunter! Sie markieren Punkte auf dem Schulgelände, die sich als Treffpunkt eignen. Sie funktionieren außerdem als Raumteiler oder Abgrenzung. Kinder setzen ein Zeichnen, sie erobern den Raum mit ihren Kunstwerken, ein Stück Identität jedes Einzelnen oder einer Gruppe wird sichtbar. Dies schafft Identifikation.

Was wird benötigt?

- Holzbohlen (Douglasie oder Robinie), unbesäumt, gehobelt; Anzahl je nach Auftrag, Beispiele zur Anschauung
- Holzmalfarben, wetterfest (rot, gelb, blau, weiß, schwarz, ggf. grün und magenta [Sentamix Lan wetterfest])
- Papier für die Skizzenanfertigung (Maßstab beachten): Höhe WB: 1,2–2 Meter, Breite WB: 20–35 Zentimeter
- Pinsel in unterschiedlicher Größe und Breite
- Eimer oder Einmachgläser mit Deckel, um Farben zu mischen und aufzubewahren
  Tipp: Vorher alle Teilnehmenden bitten, Gläser zu sammeln und mitzubringen
- Einmalhandschuhe
- Befestigungsmaterial, Zaun oder freistehend

Holzbohle wird vorbereitet

Maßstäblich vorgezeichnete Skizzen erleichtern den Einstieg für die Teilnehmenden

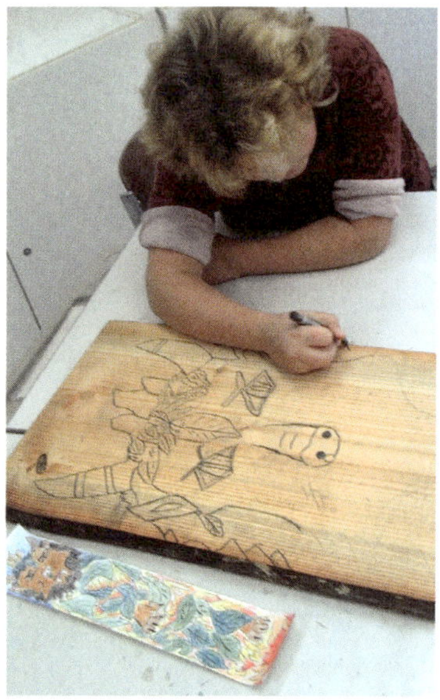

Übertragung der Skizzen mit Kreide auf das Holzbrett

Ablaufplan Mitbeteiligungsaktion

1. Begrüßung und kurze Einführung / Sinn der Gestaltung
2. Maßstäbliche Skizzenanfertigung gemeinsam mit den Teilnehmenden
3. Kurze Zwischenbesprechung und Einführung zum Thema „Farbe“
4. Gestaltung der Wegbegleiter auf Holz
5. Abschlussgespräch / Fortsetzung

> Zur Themeneinführung hilft ein Einstieg über die Werke von Künstlern wie Joan Miró, Gaston Chaissac, Sophie Taeuber-Arp u. a.

Farbauftrag (nicht zu dick, gleichmäßig, in Faserrichtung)

Nachdem die Flächen getrocknet sind, können die schwarzen Konturlinien gezogen werden

GIRLS

KAPITEL 3

Toben, rennen & chillen auf dem Schulhof

„Kinder brauchen Bewegung – aber Kinder brauchen auch Ruhe. Beides gehört zu den Grundbedürfnissen von Kindern, deren Erfüllung für eine gesunde Entwicklung unverzichtbar ist.“

Renate Zimmer, Wilde Spiele zum Austoben, 2018

Ein großer Teil eines Schulhofs sollte Platz zum Spielen, Bewegen und Austoben bieten und zu körperlicher Aktivität animieren. Gleichzeitig dürfen Ruhe- und Rückzugsorte nicht fehlen, genauso wenig wie Treffpunkte zum kommunikativen Austausch. Kleinräumigkeit fördert diese Rückzugsmöglichkeiten in den Ruhezonen und schafft Raum für Kommunikation und Entspannung.
Sinnvoll ist es also, die Bereiche für Bewegung und für Ruhe zu trennen und räumlich zu gliedern. Es sollte den Lehrkräften ermöglicht werden, die Übersicht zu behalten.

1. Bewegen

Dass der Schulhof an Grundschulen aufgrund der langen Aufenthaltsdauer der Schüler und Schülerinnen insbesondere bei Ganztagsbetreuung differenzierte psychomotorische Anreize und Möglichkeiten zur Bewegung braucht, ist unbestritten. Lange Tage in der Schule, Nachmittage am Schreibtisch und Freizeit mit Handy, vor Computer und Fernseher, sorgen für Haltungsschäden, Kopfschmerzen, Konzentrations- und Lernstörungen. Außerdem nimmt die Fettleibigkeit bei Kindern immer mehr zu. Als eine der wichtigsten Ursachen – neben einer unausgewogenen Ernährung – gilt, dass Kinder sich immer weniger bewegen. Bluthochdruck und Diabetes sind neuerdings Krankheiten, die bei Kindern festgestellt werden.

Die Weltgesundheitsorganisation WHO empfiehlt mindestens 60 Minuten körperlicher Aktivität für Kinder und Jugendliche täglich. Deshalb ist es umso wichtiger, dass moderne Schulhöfe zu Spiel und Bewegung einladen. Damit leisten sie einen wichtigen Beitrag zur gesunden Entwicklung der Kinder, zur Stärkung von Muskeln und Knochen sowie des Immun- bzw. Herzkreislaufsystems. Bewegung baut Aggressionen ab und fördert neben motorischen Fähigkeiten wie Gleichgewicht, Schnelligkeit oder Koordination ebenso die kognitive Leistungsfähigkeit. Kinder, die sich viel bewegen, sind geistig leistungsfähiger und flexibler.

Dabei ist die Art der Bewegung ausschlaggebend: Vor allem Kinder, die lernen, spielerisch Herausforderungen zu meistern und ihre eigenen motorischen Fähigkeiten einzuschätzen, schulen gleichzeitig ihren Verstand. Dazu verbessern sich Geschicklichkeit, Ausdauer, Gleichgewicht und Motorik auf diese Weise wie von selbst. Das Miteinander im Sport schult zudem die sozialen Kompetenzen der Schülerinnen und Schüler, hilft ihnen, Rücksicht, gegenseitige Akzeptanz und Einhalten von Regeln zu lernen. Bewegung als Ausgleich zum Unterricht bedeutet also auch Kommunikation und Sozialerfahrung.

Bewegung trägt aktiv dazu bei, dass Kinder mit Gefahren umgehen lernen und lässt sie in ihren Aktivitäten sicherer werden.

Eingebundene Spielgeräte können den Spielwert erhöhen, sollten aber möglichst vielfältige Nutzungen zulassen und nicht reglementieren. Durch das Einbetten der Spielgeräte z. B. in eine Hügellandschaft werden vielfältige Spielvariationen sinnvoll miteinander kombiniert.

Dazu braucht es lediglich:

- Freiflächen, moduliertes, naturnahes Gelände, eingebundene Spielgeräte, anspruchsvolle Bewegungsparcours

Natürliche Bewegungsmöglichkeiten sind wichtig, denn sie sind die Grundvoraussetzung für sportliche Aktivität.

Generell sollten Sportmöglichkeiten wie Kleinspielfeld, Basketballkörbe, Tischtennisplatten, freie, vielfältig nutzbare Flächen oder Sportanlagen ganztägig benutzt werden können.

Tipp

> Mit Schul- und Klassenkisten werden die Schulkinder mit eingebunden und übernehmen Verantwortung. In der Schulkiste oder dem Gerätehaus sind die großen Bewegungsangebote wie Fahrzeuge, Bälle, Schläuche, Slagline, Federball- oder Tennisschläger, und in der Klassenkiste werden kleinere Angebote wie Kreiden, Gummitwist, Tennisball etc. aufbewahrt.

Der entsiegelte Schulhof (mehr dazu in Kapitel 5) bietet mit seiner Landschaftsgestaltung vielfältige Möglichkeiten, mit verschiedenen Materialien wie Holz, Steinen, Seilen etc. zu spielen.

Planen Sie auch freie Flächen zum Spielen, Ballspielen, Seilhüpfen etc. ein.

Eine bewegungsanregende Umgebung schaffen

Erdmodellierungen sind grundlegende und unverzichtbare Gestaltungselemente, die jeden Platz gliedern und beleben. Dabei muss es nicht immer hoch hinausgehen. Auch kleine Wälle in Verbindung mit einer leichten Absenkung des Bodens bilden mit entsprechender Rückpflanzung einen tollen Spielbereich und ermöglichen Rückzug und Ausblick, bieten aber auch Gelegenheit zum Hüpfen, Springen, Kullern, Rennen.

Hügelgruppen ermöglichen Ausblicke und schaffen Orientierung. Eine robuste Bepflanzung stabilisiert den Hang und trägt Schleichwege und Trampelpfade. Die Hügelkette bildet eine großzügige Einheit, in der Höhen und Täler Spielfantasien in Schwingung versetzen. Bereits der Weg kann Erlebnis und Erfahrung beinhalten. Der versteckte Trampelpfad durch eine Buschgruppe oder die ausgetretene Rinne im Hügelbereich stellen tolle Herausforderungen an die Kinder.

Schaukeln

Das Schaukeln schult den Gleichgewichtsinn.

Klettern

Kletterbaum, Kletterspinne, Klettergehölze oder Kletterkartoffel stärken die motorische Koordinationsfähigkeit und sind eine Herausforderung für die Risikobereitschaft. Sie lehren den Umgang mit Schwerkraft, Gleichgewicht und Reibung, nebenbei bauen die Muskeln Kraft auf.

Schaukeln, Rutschen oder Geräte zum Balancieren helfen dabei, Körperkoordination, Reaktionsfähigkeit und Geschicklichkeit zu stärken.

Kein Risiko ist ein Risiko
So sicher wie nötig, nicht aber so sicher wie möglich, denn:
- Mut, Selbstvertrauen und Risiko sind Voraussetzung für Eigenverantwortung.
- Risiken abschätzen lernt man durch Erfahrung.

Aufsicht will gelernt sein: Rückzugs- und Freiräume brauchen alle Kinder.

Balancieren

Als Gerätschaft eignen sich Balancierbalken, Baumstümpfe, Netze etc.

2. Entspannen

Schulhöfe sind auch Orte der Erholung. Sie dienen der geistigen, seelischen und körperlichen Entspannung. Dafür können die Anforderungen recht unterschiedlich sein, und es empfiehlt sich, bei der Planung Ruhebereiche für verschiedene Gruppen und Kommunikationsformen mitzudenken. Schulkinder suchen Ecken, um sich allein zurückzuziehen, sie wollen sich aber auch mit anderen Schülerinnen und Schülern treffen, zu zweit oder in Gruppen. Sie wollen spielen, lesen, essen, sie wollen beobachten oder flanieren, in einem angenehmen Umfeld verweilen.

Sie brauchen also Sitzbereiche für verschiedene Gruppengrößen, Chill- oder Relax-Ecken und angenehme Wege dazwischen. Einige dieser Orte sollten wind- und wettergeschützt sein, das heißt, eine gewisse Regensicherheit und Schatten im Sommer sind wünschenswert. Sonnensegel schaffen ein mediterranes Flair, Lauben und Pergolas mit geeigneten Pflanzen erhöhen das Wohlgefühl, fördern Entspannung und aktivieren die Sinne.

In den Bereichen zum Faulenzen oder Chillen können Hängematten, Liegen, Liegenetze oder Lümmelbänke zum Abhängen allein oder zu mehreren einladen. Amphitheater beispielsweise sind nicht nur ideale Orte, um Outdoor-Unterricht abzuhalten. Ihre Stufen eignen sich auch für einen gemütlichen Plausch, allein, zu zweit oder in der Gruppe, ebenso wie zu einem Snack in der Pause.

Treffpunkt: Pergola

Zur Abgrenzung vom öffentlichen Bereich eignet sich eine Pergola, die – individuell gestaltet und bepflanzt – einen optimalen Sonnenschutz gewährleistet.

Sitzplätze in ihrem Schatten wandeln sich zu Erholungsorten oder im Sommer zu kühlen Treffpunkten mit anderen Schülerinnen und Schülern.

Eine interessante Variante hierzu sind Laubengänge, die der Sonneneinstrahlung und dem Gelände angepasst angelegt werden können.

Tipp

Zum Beranken geeignet sind Wilder Wein, Knöterich, Trauerweide, Trauerulme, Traueresche, Hängebirke.

Vielfältige Kommunikationsorte

Der Schulhof ist ein Ort der Begegnung. Kommunikation mit- und untereinander ist besonders wichtig. Es braucht vielfältig gestaltete Orte zum Sitzen, Lümmeln, reden und sich treffen. Ein Podest, eine Sitzstange, Bänke und Plätze, die sich auch Peergroups aneignen dürfen. Wenn der Ort zudem noch ein wenig sicht- und windgeschützt ist, erhöht das die Aufenthaltsqualität.

Plauderplätzchen

Praxisbeispiel: Weidenbauten

Die Flechtbauten entstehen ausschließlich aus Materialien, die uns die Natur liefert. Insofern sind die Konstruktionen auch eine konsequente Antwort auf unsere Überflussgesellschaft und den fortschreitenden Raubbau an der Natur. So wachsen Orte, die bei Sonnenschein ein geheimnisvolles Schattenmuster auf dem Erdboden hinterlassen und sich an Regentagen in eine lichte Tropfsteinhöhle verwandeln.

Schon von alters her prägen Weiden das Landschaftsbild. Über 300 Arten gibt es heute in unseren Breitengraden, von denen etwa 33 heimische Wildweiden sind. Bei einem Kuppelbau – wie auch allen anderen Naturbauwerken – sollten immer die vorhandenen örtlichen Gegebenheiten miteinbezogen werden ebenso wie die Möglichkeit der Erweiterung und Ausdehnung. Zu beachten ist, dass die Grünbauwerke nicht unter Bäumen gebaut werden, weil sie dort zu wenig Sonne und Wasser bekommen würden.

Weidenpalast

Gerade wenn in einer neu gestalteten Anlage Bodenvegetation und Baumbestand noch nicht üppig sprießen, lassen sich mit Weiden-Flechtbauten rasch schattige und sichtgeschützte Zonen schaffen. Das gemeinsame Flechten ist eine belebende Form der Zusammenarbeit und der Kommunikation. Schulkinder, Fach- und Lehrkräfte, Eltern, Großeltern, Geschwister können sich am Bau-Happening beteiligen und lassen ein Gesamtkunstwerk besonderer Natur entstehen.

PFLANZENTIPP:

Besonders gut geeignet für Lebendbauwerke sind Silber- und Kopfweiden. Sie sind vegetativ leicht vermehrbar und haben – wenn sie regelmäßig zurückgeschnitten wurden – gerade und unverzweigte Ruten, die sich optimal für das Bauen eignen.

Tipp

Weiden eignen sich auch hervorragend, um Zäune zu bauen, Körbe zu flechten oder anderweitig handwerklich kreativ zu sein.

Weidenruten werden gebündelt an ein formgebendes Stahlrohr geknotet

Weidenpalast mit Schüler:innen selber bauen

KAPITEL 4

Entdecken, erleben & lernen auf dem Schulhof

„Das Kind will sich mit seiner Umwelt auseinandersetzen, es will etwas erfahren, erleben, mit allen Sinnen (hören, sehen, riechen, schmecken, tasten), mit allen Elementen (Erde, Wasser, Feuer, Luft), in der Harmonie von Kopf, Herz und Hand und in der Gemeinschaft."

Hugo Kükelhaus

Ein gut gestalteter Schulhof verbessert nicht nur die Aufenthaltsqualität in der Schule, er lädt darüber hinaus die Kinder ein, sich im experimentellen Spiel die Umgebung anzueignen, das kognitive Lernen aus dem Unterricht durch eigene Erfahrungen auf der Wahrnehmungs- und Bewegungsebene zu ergänzen.
Ein großzügiges Außenspielgelände, ausgestattet mit einer Vielzahl an mobilen und frei interpretierbaren Spielmaterialien, unterstützt aktive Formen einer Lernkultur, die den Alltag zum Gegenstand des Lernens macht.
Beim Spielen geschieht Lernen wie von selbst – ohne Ziel, Zwang oder Leistungsgedanken.

1. Mit allen Sinnen

Sehen, hören, riechen, tasten, schmecken. Kinder erleben und begreifen sich und die Welt vor allem über die Sinne. Deshalb brauchen sie Spielräume, die Wahrnehmungsfähigkeit, Ausdrucksbedürfnis und Neugierde herausfordern, damit sie ihre kognitiven, sozialen, emotionalen Fähigkeiten voll entfalten können.

Sobald Lernen an Körpererfahrung gekoppelt ist, wird deutlich, dass sich bereits die Jüngsten selbstbestimmt und handelnd mit ihrer Umwelt auseinandersetzen. Dann bleibt die Natur der Lebensraum unserer Sinne.

Hörtelefon

Duftecke

Rotierende Scheiben verändern die Sehgewohnheiten

2. Die vier Elemente erleben

Feuer, Wasser, Luft und Erde sind die vier Urelemente, aus denen Leben entsteht und aus denen unsere Welt aufgebaut ist. Das eigenständige Entdecken und die spielerische Auseinandersetzung mit den Elementen ist somit immer als ein sinnlicher Akt der Weltaneignung zu begreifen. Das Spiel mit den vier Urkräften zieht alle Kinder magisch an, weil die Möglichkeiten der direkten Begegnung außerordentlich vielfältig sind.

Die aktuellen Entwicklungen zeigen leider, dass die früher so unkomplizierte und selbstverständliche Annäherung an eines der Elemente zunehmend problematischer wird. Mit dem Begriff Erde stellt sich heute die Frage der Schadstoffwerte, Siedlungsdichte und großflächige Versiegelung leisten ihr Übriges. Wasser wird mit Flutwellen, kaputten Häusern oder mit sterbenden Fischen assoziiert, und unbelastete Luft ist inzwischen ein Urlaubsziel. Das Feuer unserer Sonne rückt bedrohlich näher, die Sommer werden immer heißer. Auch Kinder erleben diese reale Gegenwart und äußern sich über Zukunftsängste. Umso mehr beeindruckt es, mit welcher Ausdauer und Intensität sie nach wie vor jede Gelegenheit ergreifen, sich den Elementen zu nähern und spielerisch zu gestalten.

Erde

Immer ist es der fließende Übergang zwischen Realität und Fiktion, der das Wahrnehmungsmuster von Kindern bestimmt. Wunschtraum und Wirklichkeit liegen hier nah beieinander. Das Buddelloch in der **Erde** wird bei entsprechender Tiefe plötzlich zum Schlot eines Vulkans, aus dem jeden Augenblick feurige Lavaströme entweichen könnten.

In die Erde werden leidenschaftlich Löcher begraben, manchmal getrieben von der Fantasie, dass einer der Gänge bis auf die andere Seite der Welt reichen könnte. Erde vermischt mit Wasser ergibt einen eigenwilligen Werkstoff: Das lustvolle Drecken, Sandeln, Matschen und genüssliche Hervorholen von Schlamm aus der Tiefe einer Pfütze sind grundlegende Bedürfnisse, die allen Erwachsenen aus der eigenen Kindheit bekannt sind. Kinder sind der Erde nah und benötigen deshalb naturnahe Spiele.

Wasser

Wasser dient dazu, weitverzweigte Kanalsysteme anzulegen, kunstvolle Staudämme aus Kieseln aufzuschichten und ähnlich dem Biberbau mit Ästen, Gras und Rindenstücken abzudichten. Der Vergleich mit den Biberbauten bestätigt sich dann spätestens beim nächsten Hochwasser, wenn die Gemeindewiese geflutet wird.

Das über Jahrhunderte hinweg bewährte Prinzip der Zisterne zum Auffangen des Regenwassers wäre sicher die umweltverträglichste Lösung, um Spielwasser zu erhalten. Diese aufwendigen Zisternenbauten sind allerdings mit hohen Kosten verbunden. Alternativ hierzu hat sich ein Pumpsystem mit Anschluss an die örtliche Wasserleitung bewährt, um die notwendige Trinkwasserqualität zu sichern. Vorwürfe über die Höhe der Wasserrechnung und der Wasservergeudung sind dabei völlig nebensächlich. Denn uns ist keine bessere und letztendlich kostengünstigere Investition in die Natur bekannt, als diese für die heranwachsenden Generationen bespielbar zu erhalten.

Durch Schwengelpumpen, die entsprechende Muskelkraft benötigen, um die gewünschte Wassermenge zu fördern, reguliert sich der Verbrauch auf natürliche Weise. Das fließende Wasser kann unterschiedlich gefasst werden und sollte immer ein Gefälle aufweisen. Ausgehöhlte Baumstämme, aufgemauerte oder mit Naturstein gesetzte, kaskadenartige Absätze sind kostengünstige, individuelle Möglichkeiten, den Wasserstrom zu führen. Dieser kann in einem kleinen Bassin münden, das wiederum neue Spielideen freisetzt. Abschließend bleibt festzustellen, dass die Sandlandschaft mit Wasseranschluss einer gründlichen planerischen Vorarbeit bedarf und im Zusammenhang mit der notwendigen Drainagierung in der Regel von Fachleuten auszuführen ist.

Luft

Im Element **Luft** ist die Bewegung enthalten. Bereits das Hinabrennen von einem Hügel lässt leibhaftige Begegnung mit dem Urelement zu. Viele Bäume erlauben luftige Ausblicke und abenteuerliche Kletterpartien.

Feuer

Das **Feuer** zählt sicher zu den Elementen, die mit dem größten Tabu belegt sind, doch ist die Faszination des unbeobachteten Zündelns, Kokelns und der heimlichen Lagerfeuer ungebrochen. Zündende Ideen sind nicht nur in unserem Sprachgebrauch mit dem Feuer verbunden. Kinder benötigen und schätzen die elementare Natur, um sich selbst zu finden.

Die alltägliche Begegnung mit dem offenen Feuer stellt für die meisten Kinder keine Selbstverständlichkeit mehr dar. Feuer haftet immer etwas Unberechenbares und Geheimnisvolles an. Kinder spüren dies und fühlen sich vielleicht deshalb von den Flammen so magisch angezogen. Eine Feuerstelle oder der selbst gebaute Lehmofen bieten sicheren Raum für zündende Ideen. Der Kreis um das Feuer war zu allen Zeiten ein generationsübergreifender Treffpunkt. Die Nutzung des Feuers zählt zu den ersten kulturellen Errungenschaften des Menschen. Feuer- und Grillstellen sind heute beliebte Plätze und Ausflugsziele. Viele Steine speichern das Feuer der Sonne. Als Sonneninseln verströmen sie wohlige Wärme.

3. Mit Kopf, Herz und Hand

Mit relativ wenig Aufwand, im gemeinsamen Tun, lassen sich inspirierende Lerninseln auf dem Schulhof gestalten. Anders als standardisierte, künstliche Spielmaterialien, weit von den Lebenswelten der Kinder entfernt, bieten sie nachhaltige Impulse für die explorative, erfahrungsreiche Eroberung von (neuen) Wissensfeldern.

Windrosen

Mit der Windrose kann man die Himmelrichtungen anzeigen. Der Schulhof bietet die Möglichkeit, so eine individuelle Windrose für die Schule umzusetzen. Die Schülerinnen und Schüler erforschen mit dem Kompass die Himmelsrichtungen. Was liegt im Norden? Welcher Stadtteil, welcher Nachbarort, welche große Stadt, welches Land?

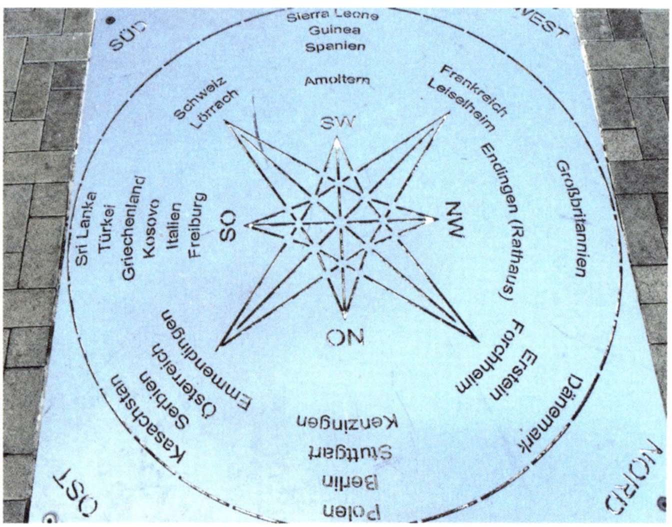

Zahlen

Mathematik im Außenraum en passant erlebbar machen, das geht ganz einfach: Dazu werden im Schulhof vorgefundene Einbauten mit Längen- Höhen- und Breitenmaßen versehen. In den versiegelten Flächen werden durch andersfarbiges Pflaster Flächenmaße wie der Quadratmeter sichtbar, und geometrische Formen wie das Quadrat, das Drei- oder Viereck werden zum Beispiel als Grundform für Sitzgelegenheiten benutzt.

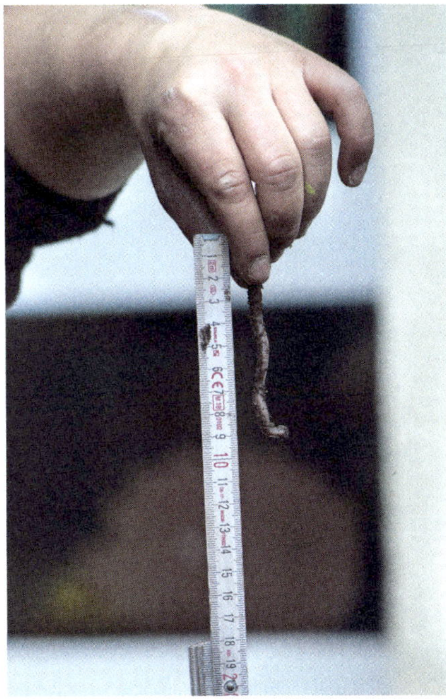

Sonnenuhr

Bei der analemmatischen Sonnenuhr zeigen die Schülerinnen und Schüler mit ihrem Schattenbild die Uhrzeit an. Auf der Skizze kann man den Aufbau erkennen. Die Ausrichtung der Sonnenuhr machen wir gemeinsam.

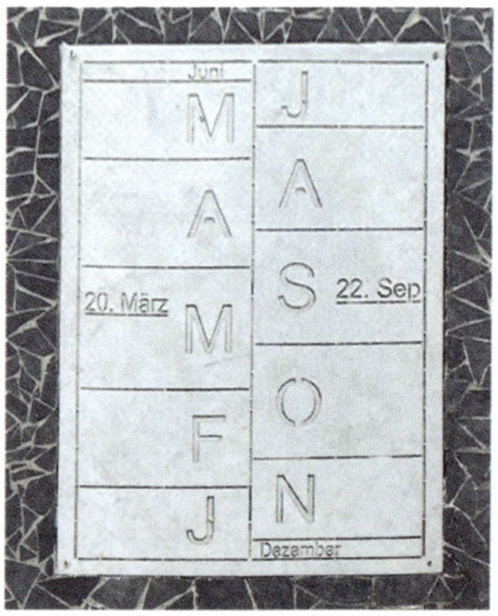

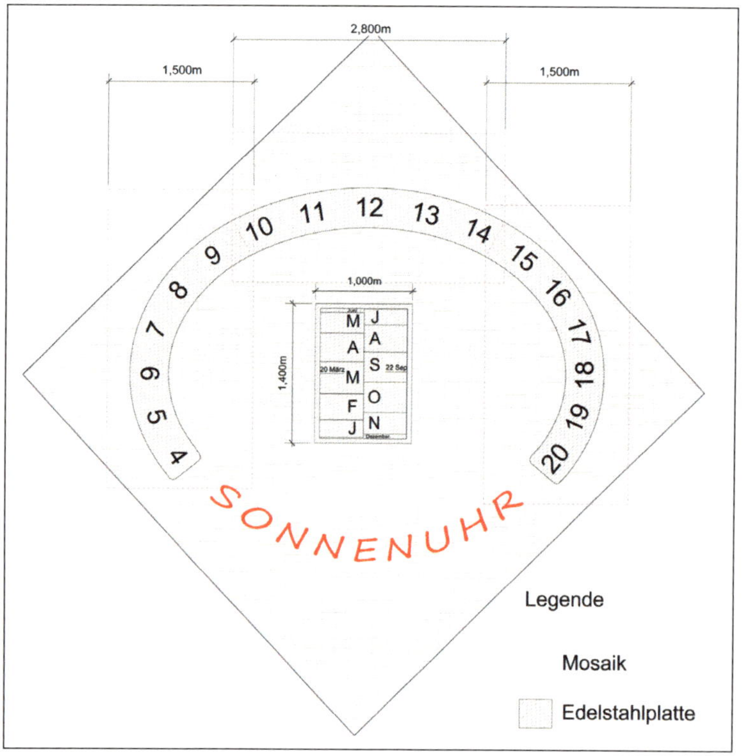

Praxisbeispiel: Mathe meets Kunst

von Magdalena Haslinger

Im Lehrplan einer 4. Grundschulklasse findet man Begriffe wie „Rechter Winkel", „Parallele Linien", „Kreis". Alles Wörter, die auf den ersten Blick recht langweilig anmuten. Aber gefüllt mit lebendigen Inhalten, werden sie plötzlich spannend und es tun sich neue Horizonte und Sichtweisen auf. Mathematik und Kunst werden eins und verschmelzen zu etwas Faszinierendem.

Wir lernen, eine Spirale zu zeichnen

- **Material:** Zirkel, buntes Tonpapier, Geodreieck, Bleistift, Packpapier

Wir beschäftigen uns mit Zahlenfolgen. Muster in den Folgen sollen erkannt und beschrieben werden. Mit Hilfe der gefundenen Gesetzmäßigkeiten werden neue Zahlenfolgen produziert. Die Zahlenfolge nach der Fibonacci-Regel wird entdeckt. Diese Zahlenfolge ist Ausgangspunkt für den Geometrieunterricht.

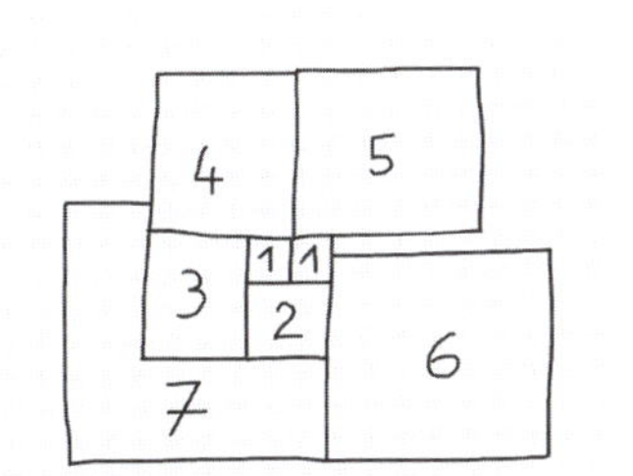

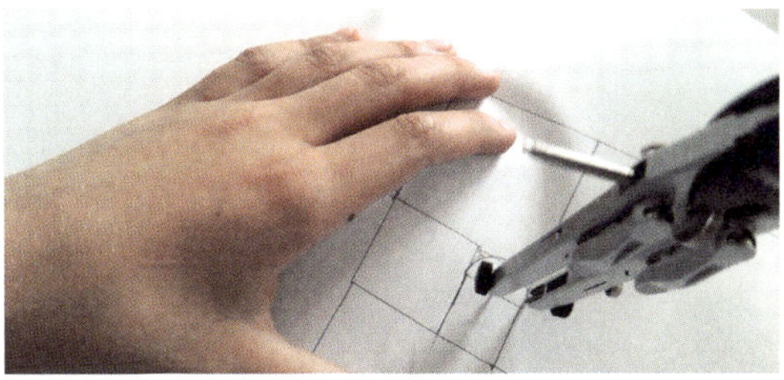

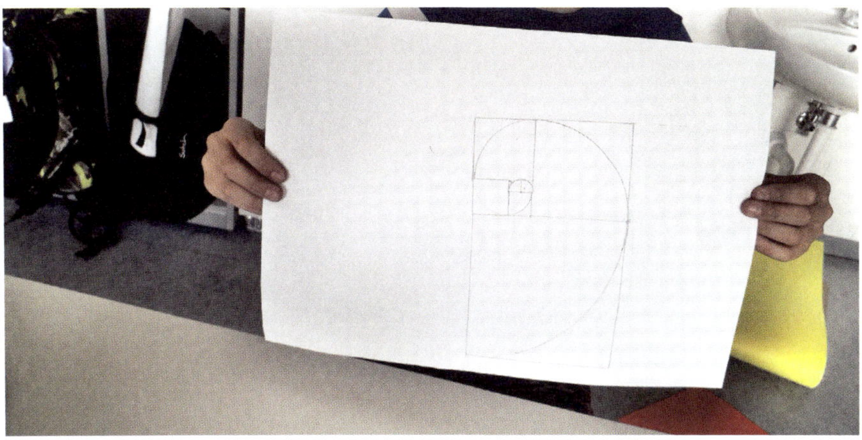

Einen rechten Winkel erzeugen

- **Material:** Holzlatten, Stock, Schnur, Straßenkreide, Zollstock

Mit Hilfe von Holzlatten können rechte Winkel hergestellt werden und durch Messen mit einem Rollmeter können die Quadrate angedeutet und Viertelkreise gezeichnet werden. Als Zirkel dient uns ein runder Stock und eine Schnur, natürlich muss der Radius immer wieder abgemessen und neu zugeschnitten werden. Nach einer Stunde ist die große Spirale fertig. Zwei Schülerinnen der 2. Klasse laufen immer wieder die Spirale nach und haben großen Spaß.

Zwei Schülerinnen mit großem Spaß

Weiterführende Ideen – Straßenkreide erstellen

- **Material:** zwei große Tische, Gipsmulden, Pigmente, Stöcke, kleine Becher, ein Eimer Wasser, eine Packung Gips

Die Gipsmulden werden mit Wasser befüllt, Gipspulver und Pigment werden gemischt. Die Schüler staunen, wie das farbige Pulver langsam ins Wasser einrieselt und sinkt. Bleibt ein kleines Inselchen an trockenem Pulver stehen, dann wird kurz und kräftig gerührt. Die dickflüssige Masse gießen die Kinder in die kleinen Becher. Nach kurzer Zeit ist die Masse hart und warm. Die Straßenmalkreide ist nun zum Einsatz bereit.

Wenn sich Kreisbögen schneiden, entstehen interessante Muster

- **Material:** Pappe, Farbe, Zirkel

Die Kinder entdecken im Geometrieunterricht Muster und versuchen, selber welche zu erzeugen. Im Kunstunterricht erhält jedes Kind ein kleines Quadrat aus Pappe. Auf diesem Quadrat entwickelt jedes Kind mit Hilfe von Kreisbögen ein Muster und gestaltet dieses farbig aus. Alle Quadrate werden in eine Ordnung gebracht und auf ein Holzbrett geklebt.

Die Schüler zeichnen große Quadrate auf die Straße. Mit Stock und Schnur werden Kreisbögen eingezeichnet. Die Felder werden farbig gestaltet.

Eine Spirale auf einer Holztafel künstlerisch in Szene setzen

- **Material:** Holz, Nägel, Fäden, Farbe, Geodreieck

Die Holzplatte wird grundiert. Nachdem die Farbe getrocknet ist, zeichnen die Schüler mit Hilfe eines Geodreiecks die Quadrate auf. Anschließend werden mit dem Zirkel die Viertelkreise eingezeichnet. Um die Spirale besser hervorzuheben, werden entlang der Linie Nägel eingeschlagen. Die Nagelköpfe werden mit farbigem Faden umlegt.

4. Grünes Klassenzimmer

Das grüne Klassenzimmer ist ein Lernraum im Außenbereich der Schule. Angelegt beispielsweise als Amphitheater aus Sandstein, ist es multifunktional und kann Treffpunkt zum Chillen sein ebenso wie ein Ort für konzentriertes Lernen und Arbeiten. Ergänzt mit einem fest installierten Tisch wird das Theater zum Labor, in dem geforscht und experimentiert werden kann. Mobiles Lernmaterial wie Lupen, Monokulare, Käfergläser, Messgeräte etc. ermöglichen die Vertiefung in vielfältige Unterrichtsthemen.

KAPITEL 5

Natur beobachten, verstehen & schützen auf dem Schulhof

„Klimaresiliente, naturnahe und spannende Schulhöfe verbessern das Mikroklima und das Lernklima. Unterricht kann nach draußen verlagert werden, Kinder und Jugendliche erfahren eine vielfältigere Natur direkt vor ihrer Klassentür und können sich in den Pausen besser erholen."

Sascha Müller-Kraenner, Bundesgeschäftsführer der Deutschen Umwelthilfe, 2021

Die vielen versiegelten Flächen auch auf den Schulhöfen strahlen Hitze ab und heizen sich auf. Kommt dann der erwartete Regen, landet er in der Kanalisation statt bei den wenigen, langsam verdurstenden Bäumen. Deshalb müssen Schulhöfe entsiegelt, begrünt und beschattet werden. Das aber ist nur ein Grund, warum Schulhöfe grüner, nachhaltiger und klimafreundlich werden sollen: Sie müssen sich von Pausenräumen in naturnahe Lebensräume verwandeln.

Die neu begrünten Aufenthaltsräume sind grüne Lernorte für Schulkinder und geben wichtige Impulse für den Unterricht. Sie regen zum nachhaltigen Umgang mit den Ressourcen an und fördern das Bewusstsein für nachhaltiges Handeln.

1. Den Schulhof entsiegeln, begrünen, beleben

Entsiegeln, begrünen, beleben heißen die Schlagwörter, um Städte und Gemeinden an den Klimawandel anzupassen. Denn die Probleme durch die Versiegelung sind vielfältig. Regenwasser kann nicht versickern, es landet in der Kanalisation, der Grundwasserpegel sinkt. Die trockenen, heißen Sommer heizen durch die vielen versiegelten Flächen die Städte im Inneren stark auf, was auf schattenfreien Schulhöfen bei den immer heißer werdenden Sommern für Schulkinder zu echtem Hitzestress führen kann. Versickerungsfähige Flächen zu schaffen ist also nicht nur ein Beitrag zum Bodenschutz, sondern fördert die Lebens- und damit auch die Lernqualität an den Schulen.

Neben versickerungsfähigen Bepflasterungen sind Rasen- und Pflanzflächen nicht nur ideale Möglichkeiten des Regenwassermanagements: Grüne Oasen inmitten von Schulgebäuden wirken sich positiv aufs Mikroklima aus. Die Pflanzen verdunsten Wasser und schaffen Kühlung im Sommer.

Schatten von Bäumen oder begrünte Rankgitter können einen heißen Tag erträglicher machen.

Auch bei der Entsiegelung können Kinder aktiv beteiligt werden.
Es entstehen grüne Oasen, die an heißen Tagen Schatten bieten.

Wildsträucher

Viele der heimischen Wildsträucher geraten heute zunehmend in Vergessenheit, obwohl sie über Generationen hinweg die Menschen begleitet haben. Wildsträucher, begrenzen, schaffen Nischen, binden Staub und spenden Schatten.

Um viele dieser traditionsreichen Gewächse ranken sich Mythen, Legenden und wundersame Geschichten. Folgende Pflanzen eignen sich besonders für unsere Schulhöfe.

Holunder

Er wird auch Holderbusch genannt, spielt im Volksbrauchtum eine große Rolle, was so manches Märchen bezeugt. Früher wurde er gepflanzt, um die guten Hausgeister anzuziehen.

Tipp

Zudem lässt sich die Blütendolde in Pfannkuchenteig ausbacken, aus den Blüten eine wunderbare Limonade brauen, und die Früchte ergeben einen begehrten Saft. Selbst das Holz mit seinem weichen Mark ist vielfältig im Spiel einsetzbar.

Haselnuss

Sie war bereits den prähistorischen Menschen als wohlschmeckende Frucht bekannt und ist noch heute in den alten Bauerngärten als Grenzbepflanzung zu finden. Vor allem in Buschgruppen ist die Haselnuss auf jedem Spielgelände ein optisch markanter Punkt; das Gehölz gilt als äußerst robust und schnellwachsend.

Die geschnittenen Äste lassen sich aufgrund ihrer Elastizität für vielerlei Werkaktivitäten (Flechtzaun, Grundgerüst für Weidenhäuschen, Schnitzen etc.) nutzen.

Tipp

Hagebutte

Sie wird auch Hundsrose genannt, zählt zu den bei uns am häufigsten verbreiteten Wildrosen. Diese wehrhafte Pflanze duldet nur eine vorsichtige Annäherung und sollte aus diesem Grund nicht unbedingt im Bewegungsbereich des Spielgeländes gepflanzt werden. Am Zaun macht sie an exponierter Stelle als „Heckenrose" sicher Sinn und entwickelt sich zu einer stattlichen Höhe. Es war übrigens ein Dickicht aus Heckenrosen, welches der Prinz überwinden musste, um Dornröschen wach zu küssen.

Hagebutten eignen sich für die jahreszeitliche Dekoration; aus den roten Früchten lässt sich auch Marmelade kochen.

Tipp

Obstbäume

In ihrer langen Tradition prägen Obstbäume unsere Landschaftskultur und symbolisieren auf anschauliche Weise den steten Wechsel der Jahreszeiten. Spalierobst eignet sich zur reizvollen Belebung einer sonnigen Mauer, ist jedoch sehr pflegeaufwendig.

Alle hochstämmigen Obstsorten beanspruchen viel Platz und vor allem Geduld. Trotzdem sollte zumindest ein Vertreter dieser ehrwürdigen Obstriesen einen sonnigen Platz auf dem Gelände finden.

Vor allem der Apfelbaum mit seinen über Tausend verschiedenen Sorten bietet sich hier an. In unserer Kultur ist der Apfel ein Symbol des Lebens und in seiner Kugelform Sinnbild für die Vollkommenheit der Erde und des Kosmos. In vielen Märchen und Mythen taucht er als Paradiesbaum auf, und seine Früchte verheißen das ewige Leben. Manche Sorten, wie z. B. der Geheimrat von Oldenburg oder die Goldparmäne, laden allein durch ihren Namen zum lustvollen Kosten ein.

Aber auch der Kirschbaum aus der Familie der Rosengewächse zählt zu den Bewohnern märchenhafter Orte, an denen zu bestimmten Zeiten die Elfen tanzen und Gestalten wohnen, mit denen nicht immer „gut Kirschen essen" ist.

Gemeinsam Äpfel ernten

Tipp

Alle Obstarten eignen sich wunderbar, um mit den Kindern aktiv zu werden, Apfelsaft zu pressen, den Apfel zu untersuchen, die Blüten zu betrachten, zu backen usw.

Der Bambusgarten

„In jedem Bambushain verbirgt sich ein ganzes Orchester."

Die Botaniker zählen den Bambus weder zu den Sträuchern noch zu den Bäumen, sondern zu den Gräsern. Auch in unseren Breitengraden fühlen sich diese hochwüchsigen und geheimnisvollen Gräser ausgesprochen wohl. „Wo ein Kirschbaum wächst, gedeiht auch der Bambus", lautet die Faustregel. Mit dem Rücken zur Wand liebt der Bambus viel Sonne und einen durchlässigen, nahrhaften Boden.

In der japanischen Gartenbaukunst wird der Bambus immer in Verbindung zu Stein und Wasser gepflanzt. Der Bambus bietet sich in Verbindung mit Grobkies und Flusskieseln im Randbereich als schnellwachsender Raumteiler und Sichtschutz an. Als immergrünes Gewächs belebt er aber auch den Innenhof oder das Atrium als verträumte Ruhezone.

Wenn der Wind durch die Halme streift, ertönt das kleine Orchester.

Bambuswald mit Wegen und Rückzugsmöglichkeiten

2. Im Garten arbeiten

Kinder müssen selten zur Gartenarbeit aufgefordert werden, wenn sie genügend Freiheit für eigene Entdeckungen und Ideen finden. Gartengestaltung heißt zunächst, Raum für das Naheliegende zu schaffen: Löcher graben, in die offene Erde hineinfassen, nach Kleinlebewesen suchen, Beeren zupfen oder ganz einfach mit Stöcken im Boden stochern.

Oft ist zu beobachten, dass kleinste Ecken kultiviert, mit Kieselsteinen eingerahmt oder palisadenartig mit Ästen umfriedet werden. Diese an Zwergengärten erinnernden handtuchgroßen Parzellen durchziehen die Kinder mit Gräben, legen Wege an oder buddeln kleine Mulden, die sie mit Wasser füllen.

Um diese ersten Annäherungsversuche an den Pflanzgarten zu unterstützen, sollten die Erwachsenen innerhalb des Geländes genügend Fläche und Material bereitstellen. Ein niedriger Flechtzaun schafft überschaubaren Raum. Je mehr Erfahrung die Kinder sammeln, umso mehr lassen sie sich für langfristige Gartenprojekte gewinnen.

Weiterführende Adressen zum Thema Schulgarten:

- Deutsche Umwelthilfe (DUH), Projekt „coole Schulhöfe" www.duh.de
- Bundesarbeitsgemeinschaft Schulgarten www.bag-schulgarten.de
- Bundesanstalt für Landwirtschaft und Ernährung, Broschüren: Kinderfreundliche Pflanzen, Schulgarten im Unterricht und „Lernort Schulgarten" www.ble-medienservice.de
- Arbeitsgemeinschaft Natur- und Umweltbildung www.anu.de

Umweltzentren, Ökostationen

- www.oekolandbau.de
- Natur- und Umweltschutzakademien
- BUND, NABU
- https://www.acker.co/gemueseackerdemie

Kleine Beete

Beete müssen nicht immer groß sein. Ein alter Futtertrog, gefüllt mit Gartenerde, wird zu einer Miniaturwelt, in der kleine Wege, ein zwergengroßer Berg und geheimnisvolle Gewächse das Auge zum Verweilen einladen. Diese Kleinstgärten finden auch in ausrangierten Obstkisten, Marmeladeneimern aus Blech oder großen Tontöpfen ihren zauberhaften Platz.

Schulgärten müssen aber auch bespielbar sein und sollten daher nicht einfach die Nutzgärten der Erwachsenenwelt kopieren. Ansonsten entwickelt sich der Garten schnell zum Dauerstress für alle Beteiligten.

Schulgärten sind Orte, die Düfte, Geschmack, Farben, Formen, kleinste Lebewesen und großartige Sinnzusammenhänge beherbergen.

Rhabarber in einer Zinkwanne

Erdbeeren in einem alten Kochtopf

Kleines Beet

Lebendige Pflanzenvielfalt

Pflanzen, die Düfte verströmen:
Flieder, Rosen, Veilchen, Levkojen, Sommerflieder, Lavendel, Rosmarin, Holunder, Linde, Thymian, Zitronenmelisse, Pfefferminze, Falscher Jasmin, Origanum, Goldjohannisbeere, Salbei, Indianernessel, Kamille, Bärlauch, Calaminthe oder Storchschnabel

oben: Duftrose und Lavendel *unten:* Löwenzahn (Pusteblume)

Pflanzen, die Insekten Nahrung bieten:
Klee, Disteln, Luzerne, Sommerflieder, Holunder, Dost, Leinkraut, Taubnessel, Schafgarbe, Salweide, Haselnuss, Rosmarin oder Minze

Pflanzen, die bespielt werden:
Haselnuss, Holunder, Weide, Eiche, Gänseblümchen, Löwenzahn (Pusteblume), Springkraut, Kastanie

oben:
Kastanien und Maulbeeren
unten:
Heckenrose

Pflanzen, die essbare Früchte haben:
Haselnuss, Walnuss, Brombeere, Himbeere, alle Obstbäume, Johannisbeere, Walderdbeere, Kirschapfel, Maulbeere, Kornelkirsche, Wildbirne, Stachelbeere, Jostabeere, Heidelbeere

Pflanzen, die wir aus Märchengeschichten kennen:
Holunder (Frau Holle), Weide (Mutter Weide), Heckenrose (Dornröschen), Rapunzel (Rapunzel), Eiche (das tapfere Schneiderlein), weiß- und rotblühende Rosen (Schneeweißchen und Rosenrot), Haselnussstrauch (Aschenputtel)

Pflanzen, die anziehen, aber hoch giftig sind:
Stechpalme, Pfaffenhütchen, Goldregen, Seidelbast, Liguster, Heckenkirsche

Die Kräuterspirale

Die Kräuterspirale ist eine besondere Form des Kräutergartens. In dem spiralförmig nach innen ansteigenden Bau finden zahlreiche Kräuter auf kleinstem Raum unterschiedliche Standorte vor, die ihren Lebensbedingungen optimal entsprechen. Ähnlich der Trockenmauer bietet die Kräuterspirale außerdem vielen Kleinlebewesen Unterschlupf und Lebensraum. Als optische Bereicherung eines Geländes lädt sie Augen und Nase zu einer Entdeckungsreise ins Reich der Düfte ein.

Der Vorzug einer Kräuterspirale besteht darin, dass durch ihre Spiralform in alle vier Himmelsrichtungen der optimale Platz für jedes Kraut angeboten wird. Vom extrem trockenen bis zum feuchten Standortanspruch ist hier alles erfüllbar, wenn einige grundlegenden Dinge beachtet werden.

Kräuterspiralen benötigen einen sonnigen Standort, ihre Grundfläche hat einen Durchmesser von ca. 3,5 Meter und sie misst an der höchsten Stelle 1 Meter. Als Baumaterial bieten sich im Hinblick auf das Tarnungsbedürfnis der Kleinlebewesen regionale Natursteine an, die etwas abgeflacht sind.

Die Spirale läuft in Richtung Süden aus, und an ihrem Ende wird ein kleines Wasserbecken angelegt, welches mit Lehm abzudichten ist. Die Mauer ist leicht schräg geneigt und wird allmählich ansteigend von außen nach innen hochgezogen.

Die Zwischenräume der Mauern werden bis zu halber Höhe mit kleinen Bruchsteinen und Ziegelresten aufgefüllt und anschließend mit Erde abgedeckt. Am Fuß der Spirale legen wir guten, humösen Gartenboden an, um dann im inneren, höher gelegenen Teil zunehmend mageren Boden aufzuschütten. Mageren Boden erhalten wir durch Beimengung von Sand, Kalkmörtel oder zerkleinertem Bauschutt.

Tipp

Bei der Pflanzaktion ist darauf zu achten, dass nur kräftige und bereits buschige Kräuter eingesetzt werden.

Hochbeete

Die Anlage eines Hochbeetes entspricht in idealer Weise den besonderen Ansprüchen, die sich für das Gärtnern mit Kindern ergeben. Hochbeete sind überschaubare Garten-Inseln im Schulgelände. Niemand beschädigt aus Unachtsamkeit die Beete, zudem kann in bequem erreichbarer Tischhöhe gegraben, beobachtet, geerntet und gepflegt werden. Bei einer Höhe von 70 bis 100 cm sollten Hochbeete maximal 80 bis 100 cm breit sein, um von allen Seiten unproblematisch an die Pflanzbeete heranzukommen.

Gestalterisch bieten sich runde Formen an, die in mehreren Rondellen reizvoll den Gartenbereich markieren. Rechteckige Formen gliedern U-förmig oder L-förmig einen Terrassenbereich und bilden Nischen. In der Nähe sollte sich immer ein Wasseranschluss befinden, eine Schwengelpumpe hätte hier ihren würdigen Platz. Als Gießwasser bietet sich aber in erster Linie das Regenwasser an.

Tipp

Als Baumaterial für die Umrandung eignet sich vor allem das sehr widerstandsfähige entrindete Robinienholz. Der Herbst ist die günstigste Jahreszeit für den Bau, da in der anschließenden Ruhephase das Erdreich absinkt und sich ein fruchtbares Bodenleben entwickeln kann. (Weitere Ideen: Heide Bergmann: Urban Gardening mit Kindern, Herder 2021)

PFLANZENTIPPS:

Die Pflanzfläche für Hochbeete ist naturgemäß begrenzter als im Freiland. Deshalb bietet es sich an, Themenbeete zu bilden: die vier Jahreszeiten erlebbar machen, Duftbeete mit Kräutern, Farbenbeete mit rot-, gelb-, oder blaublühenden Pflanzen sind nur einige Ideen zur Umsetzung. Hilfreich sind auch die einheimischen Pflanzempfehlungen von den Naturverbänden, z. B NABU und BUND.

Ob aus Holz (l. u. r.) gebaut oder in Pflanztrögen angelegt: Hochbeete machen die Jahreszeiten erlebbar.

Der Naschgarten

Beerensträucher kommen uns durch ihren Wuchs förmlich entgegen. Wie im Schlaraffenland wachsen die Beeren in greifbarer Höhe und können fast im Vorbeigehen geerntet werden.

Es beeindruckt immer wieder, wie gezielt und mit welch stiller Gelassenheit Schulkinder diese Form des Erntens genießen. Zudem werden die reifen Beeren viele Vögel anlocken.

In Reihen oder Hecken gepflanzt, dienen die Beerensträucher als lebende Raumteiler. Der kleine Beerengarten kann als Hecke die Pflasterfläche begrenzen und wirkt an Zäunen und Grundstücksgrenzen sehr belebend.

Beerensträucher erfordern in den ersten Jahren etwas Geduld, erweisen sich jedoch als äußerst robust und pflegeleicht. Bei der Sortenauswahl ist es immer ratsam, die regionalen Erfahrungen zu beachten und altbewährte Sträucher auszuwählen. Die Anzahl der verwendeten Sorten und Sträucher sollte großzügig bemessen sein, um der Erntefreude zu entsprechen.

Himbeeren

Bestimmte Sorten tragen an sonnigen Standorten von August bis in den Herbst hinein reichlich Früchte. Die Himbeere ist sehr robust, liebt allerdings viel Feuchtigkeit und benötigt eine Rankhilfe aus verzinktem oder kunststoffummanteltem Draht. Im Herbst bilden sich Ausläufer, die im Frühjahr ausgegraben werden und als Ableger die Pflanzung vergrößern.

Johannisbeeren

Rote, gelbe, weiße und schwarze Johannisbeeren eignen sich vorzüglich zum Zupfen und sollten in ihrer Farbenvielfalt angeboten werden. In Reihen angepflanzt, sind diese Sträucher besonders raumbildende Gewächse, die allerdings regelmäßig verjüngt werden müssen.

Brombeeren

Sie gedeihen vor allem an Zäunen, sind sehr anspruchslos und gelten mit ihren starken Stacheln als sehr eigenwillige und wehrhafte Pflanzen. In alten Zeiten galt die Brombeere als Zauberstrauch. Unter ihren langen Ranken konnten Unheil und Krankheit abgestreift werden. Noch heute wird sie als Heilpflanze geschätzt. Ihre stachligen Ranken erfordern eine behutsame Annäherung und signalisieren, dass die Natur nicht gedankenlos nutzbar ist.

3. Biologische Vielfalt erleben

Wird der Schulhof grüner, zieht er automatisch Tiere wie Vögel, Schmetterlinge und Bienen an.

Die Blumenwiese oder auch Wildwiese

Ähnlich einer abgesteckten Insel ist sie auf dem Gelände als bunter Farbfleck zu verstehen, der mancherlei Insekten anlockt und das Auge verwöhnt. Wildwiesen sind nicht nur wunderschön, sie machen bei entsprechender Großzügigkeit zudem wenig Arbeit. Bienen- und Schmetterlingswiesen sind schnell gesät und täglich können Schülerinnen und Schüler den Blüten beim Wachsen zuschauen.

Tipp

Der Standort sollte sonnig und eher nährstoffarm sein. In unmittelbarer Nähe bieten sich Findlinge oder kleine Rasenbänke als Sitz- und Beobachtungsmöglichkeiten an.

Nisthilfen

Die Artenvielfalt lässt sich durch Nisthilfen wie Insektenhotels erhöhen, denn sie sind zusätzliche Angebote für Tiere, sich auf dem Schulhof niederzulassen. Schülerinnen und Schüler können die Behausungen einfach selbst herstellen und lernen dabei, welches Material Wildbienen und Wespen, Florfliegen und Marienkäfer, sogar Schmetterlinge anzieht.

Viel wird auch über das Verschwinden der Singvögel aus den Städten gesprochen. Futterhäuser, Nisthilfen oder Vogeltränken lassen sich selbst bauen und sind gute Beobachtungsstationen, um durch die Jahreszeiten das Verhalten der Tiere zu beobachten. Die Naturschutzjugend NAJU veranstaltet mehrmals im Jahr Zählaktionen und bietet Materialien für Kinder und begleitende Erwachsene an.

Tipp

Mit der „Schulstunde der Gartenvögel" lädt die NAJU alle jungen Vogelfreund:innen dazu ein, sich mit der heimischen Vogelwelt zu beschäftigen und vertraut zu machen. www.naju.de

Die Trockenmauer

Früher war das Landschaftsbild vor allem in den Dörfern von locker aufgeschichteten Mauern bestimmt.

Die vielen Hohlräume und Ritzen der Natursteinmauer sind auch heute noch allenfalls mit einem mageren Kalkmörtel verbunden und bieten einer Vielzahl von Pflanzen und Tieren besonderen Lebensraum.

PFLANZENTIPPS:

Typische Mauerpflanzen sind: Mauerpfeffer, Mauerfarn, Zimbelkraut, Steinkraut, Hungerblümchen, Fetthenne und die Mauerraute. Sie sind äußerst anspruchslos und siedeln sich bevorzugt an diesem Ort an.

Neben Ameisen, Spinnen, Hummeln legen Eidechsen hier mit Vorliebe ihre Eier ab, Spitzmäuse, Mauswiesel und Erdkröten finden Unterschlupf, und manch farbenprächtiger Schmetterling wird von dem Blütenreichtum angelockt.

Kaum ein Standort bietet so vielfältige Beobachtungsmöglichkeiten wie Natursteinmauern. Für das Spielgelände sind sie daher ideal geeignet, sollten aber immer einen Bezug zum Gelände aufweisen.

Der ökologische Nutzen dieser Mauerwerke ist am größten, wenn sie nach Süden oder Südwesten ausgerichtet sind und volles Sonnenlicht erhalten.

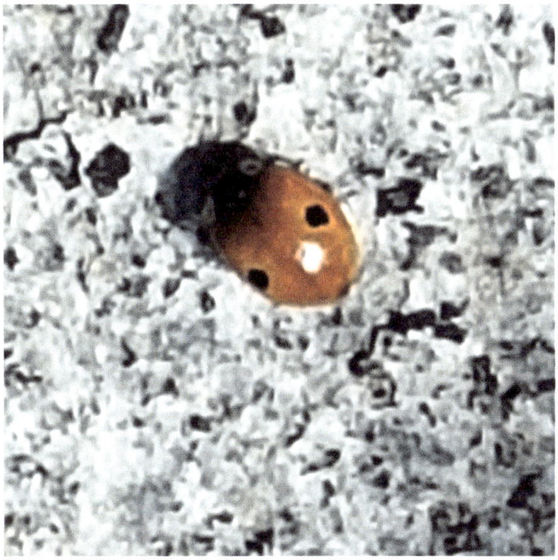

Marienkäfer

Feuerkäfer

Biene

Diestelfalter

4. Nachhaltigkeit lernen – Zukunft gestalten

„Nachhaltigkeit muss sichtbarer und erfahrbarer Bestandteil des Unterrichts, des Schulalltags und der baulichen Alltagswelt werden. Sie muss genauso sichtbar und erfahrbar ein Teil des baulichen wie des gedanklichen Schulraums sein."

Gestaltungsfibel „Nachhaltiger Schulhof", Thüringer Institut für Lehrerfortbildung, Lehrplanentwicklung und Medien

Die Außenanlagen einer Schule sind immer auch Lernort. Ein selbst angelegter Garten bietet eine nicht zu unterschätzende Möglichkeit, jungen Menschen sichtbar und erfahrbar zu machen, was der doch sehr abstrakte Ausdruck Nachhaltigkeit bedeutet. Die Blütenwiese vermittelt einen faszinierenden Artenreichtum, da sie zahlreichen Pflanzen und Insekten Lebensraum bietet.

In Bäumen und Hecken lebt eine Vielzahl von Vögeln und Kleintieren. Wenn der Kirschbaum keine Früchte trägt, weil es keine Bienen gibt, dann lässt sich anschaulich zeigen, wie Natur und Umwelt miteinander verbunden sind. So lernen die Schülerinnen und Schüler, was Natur braucht, wie sie unter den klimatischen Veränderungen leidet und was sie selbst dazu beitragen können, um die Lebensräume für viele Arten zu erhalten.

Der Außenbereich lässt sich ebenfalls gut nutzen, um einen nachhaltigen Umgang mit den begrenzten Ressourcen unseres Planeten zu erlernen.

Trinkbrunnen

Wasser

Wasser ist eine der wichtigsten Ressourcen der Erde, das wird spätestens seit dem Sommer 2022 überdeutlich. Um hier eine Sensibilität bei den jungen Lernenden herzustellen, eignet sich für die meisten Schulhöfe vor allem das Regenwasser. Damit lässt sich ein offen sichtbarer und nachvollziehbarer Wasserkreislauf darstellen. Regenwasser kann in Tonnen gesammelt werden, um in Trockenphasen Pflanzen zu gießen. Wasserlandschaften können trockenfallen oder nur bei Starkregen oder längeren Niederschlagsperioden überhaupt Wasser führen.

Sicher wäre es sinnvoll, vorhandene Gewässer wie Quellen, Grundwasser, Bachläufe und Sumpflöcher in die Planung miteinzubeziehen. In Anbetracht der oft aber ungenügenden Wasserqualität tritt heute jedoch der paradoxe Umstand auf, dass wir natürliche Bachläufe mit einem Zaun ausgrenzen müssen.

Gerade deshalb sind wir gefordert, auch im Sinne eines verantwortungsbewussten ökologischen Denkens, den Kindern Alternativen anzubieten, um einen unbelasteten, freien und großzügigen Zugang zum Wasser zu ermöglichen.

Recyceln

Ein weiteres Thema für das Klassenzimmer im Grünen ist Recycling. Scheinbar nutzlose, kaputte oder verbrauchte Dinge können – statt in der Müllverbrennungsanlage zu landen – eine weitere Verwendung finden. Wenn die Schulkinder ihren Biomüll in die schuleigene Kompostanlage bringen und mit dem dadurch gewonnenen Dünger ihren Pflanzen benötigte Nährstoffe zuführen, lernen sie mehr über Nachhaltigkeit, als wenn sie dafür grüne Körner aus dem Baumarkt verwenden. Mittels Upcycling gelingt es gar, Abfallprodukte aufzuwerten. Alte Gummistiefel eignen sich erstaunlicherweise als Pflanzengefäße und mit PET-Flaschen können frische Setzlinge übers Wochenende bewässert werden. Hier liefert Heide Bergmannn (Urban Gardening mit Kindern, Herder 2021) sehr wertvolle Ideen.

Tipp

Informationen zu Planung und Bau eines Komposthaufens im Schulgarten:
https://karl-tietenberg-schule.lvr.de/de/nav_main/schule/schule_der_zukunft/kampagne__schule_der_zukunft_.html
https://www.oekostation.de/de/tipps/kompost.htm

5. Fazit

Ein Schulhof kommt heutzutage um das Thema Nachhaltigkeit nicht mehr herum. Entsiegelte Aufenthaltsflächen für die Schülerinnen und Schüler und eine schattenspendende Bepflanzung schaffen ein lern- und spielanimierendes Mikroklima. Platz für verschiedene Pflanzen, Insekten und andere Tiere zu schaffen, bringt Biodiversität aufs Schulgelände. Ist es möglich, den Unterricht auf das Außengelände zu verlagern, können die jungen Lernenden viel über den Zusammenhang von Natur und Umwelt erfahren.

Ausblicke

Seit über 31 Jahren arbeiten in der BAGAGE-Familie Pädagog:innen, Therapeut:innen, Künstler:innen, Architekt:innen und Handwerker:innen an einer gemeinsamen Idee, der „Förderung und Verbreitung pädagogischer und künstlerisch-schöpferischer Erkenntnisse und Ansätze mit dem Ziel, die eigenständige Identität von Kindern zu bewahren und anzuerkennen".

Afrikahaus

Murmelbahn mit Zufallsgenerator

Spieldrachen

Kletterfelsen

Windrad mit Solarpanel und Mikrofon. Mit einem Kopfhörer kann man den Wind hören

Ein Labyrinth ist kein Irrgarten, sondern führt über Umwege zum Ziel

Mutmachsäule mit Lautsprecher und integrierter Solarplatte

Schneckenturm

BAGAGE
PÄDAGOGISCHE IDEENWERKSTATT gGmbH

BILDEN
Fort- und Weiterbildungen vor Ort und In-House
https://www.bagage.de

BAGAGEPLAN GmbH

PLANEN
Beratung, Ideenentwicklung und Planung von partizipativen Spiel- und Erlebnisräumen / Lehrpfaden
https://www.bagageplan.de

BAGAGEART GmbH

BAUEN
Umsetzung und Realisierung von Spielplätzen / Schulhöfen / Kunstobjekten
https://www.bagageart.de

Literatur

Deutsches Komitee für UNICEF (Hrsg.) (2022): *Konvention über die Rechte des Kindes*, online: https://www.unicef.de/_cae/resource/blob/194402/3828b8c72fa8129171290d21f3de9c37/d0006-kinderkonvention-neu-data.pdf

Enderlein, Oggi (2015): *Schule ist meine Welt. Ganztagsschule aus der Sicht der Kinder.* Themenheft 8 (7. akt. und überarb. Aufl.), hrsg. von der Deutschen Kinder- und Jugendstiftung, Berlin.

Schumacher, Horst; Thüringer Institut für Lehrerfortbildung, Lehrplanentwicklung und Medien (Hrsg.) (2010): *Gestaltungsfibel „Nachhaltiger Schulhof". Sustainability at school,* Bad Berka.

Stadt Freiburg im Breisgau, Dezernat II, Amt für Schule und Bildung (Hrsg.) (2010): *Schulhöfe kinderfreundlich gestalten. Ein Leitfaden für Eltern, Lehrerinnen und Lehrer, Schülerinnen und Schüler,* Freiburg.

Walther, Bastian; Nentwig-Gesemann, Iris; Fried, Florian (2021): *Ganztag aus der Perspektive von Kindern im Grundschulalter. Eine Rekonstruktion von Qualitätsbereichen und -dimensionen,* Gütersloh.

Zimmer, Renate (2018): *Wilde Spiele zum Austoben. Durch Bewegung zur Ruhe kommen,* Freiburg.

Tipps zum Weiterlesen

Bergmann, Heide (2021): *Urban Gardening mit Kindern,* Verlag Herder, Freiburg.

Horn, Anja & Leuze, Sandra (2023): *Upcycling mit Kita-Kindern,* Verlag Herder, Freiburg.

Lange, Udo & Stadelmann, Thomas (2016): *Spielplatz ist überall: Ideen für Kindergarten, Krippe, Schule und öffentlichen Raum,* Verlag das netz, Weimar.

Lange, Udo & Stadelmann, Thomas (2017): *Kunst ohne Dach: Künstlerisches Arbeiten im Freien,* Verlag das netz, Weimar.

Lange, Udo (2022): *Freispielimpulse für draußen,* Verlag Herder, Freiburg.

Der Autor

Thomas Stadelmann, freischaffender Künstler und Spielraumplaner, ist Mitbegründer der BAGAGE-Familie und arbeitet als Geschäftsführer der bagageArt GmbH in Freiburg sowie als Fortbildner. Er ist Autor zahlreicher Fachpublikationen.

Dank

An meine Frau Dagmar und an alle Menschen, die mich bei der Arbeit an diesem Buch unterstützt haben. Besonderer Dank an die beiden Spielraumplaner Pascal Bury und Yannic Stadelmann für ihre fachliche Expertise.
Danken möchte ich ebenso allen Kindern, Jugendlichen und Erwachsenen, die Schulhöfe mit uns umgestaltet und es dadurch ermöglicht haben, die Erfahrungen in diesem Buch zu teilen.
In der Hoffnung, dass Schulhöfe zukünftig als Orte der Bildung ihren Stellenwert noch umfassender finden werden.